JN037648

さまる と一緒にまなぶ ことわざ・慣用句

新学習指導要領対応

sakumaru

KADOKAWA

はじめに

わたしたちは普段《ふだん》、たくさんの「ことわざ・慣用句《かんようく》」を使《つか》って生活《せいかつ》をしています。
たとえば、次《つぎ》のような言葉《ことば》も実《じつ》は「ことわざ・慣用句《かんようく》」です。

手《て》も足《あし》も出《で》ない

一《いち》か八《ばち》か

汗《あせ》水《みず》たらす

このように、「ことわざ・慣用句《かんようく》」は難《むずか》しい言葉《ことば》や古《ふる》い言葉《ことば》ではなく、日常的《にちじょうてき》に使《つか》われる身近《みぢか》なものです。そして、使《つか》うことで自分《じぶん》の気持《きも》ちを相手《あいて》にうまく伝《つた》えることができる、とても便利《べんり》な言葉《ことば》でもあります。

そのほかにも、「ことわざ・慣用句《かんようく》」には、次《つぎ》のようなおもしろい言葉《ことば》も多《おお》いです。

もちはもち屋《や》

石《いし》の上《うえ》にも三年《さんねん》

かわいい子《こ》には旅《たび》をさせよ

言葉《ことば》の成《な》り立《た》ちを考《かんが》えると、いろいろな物語《ものがたり》が思《おも》い浮《う》かんできます。これらを普《ふ》段《だん》の文章《ぶんしょう》や会話《かいわ》にちょっと使《つか》うだけで、表現《ひょうげん》がよりいっそう豊《ゆた》かになります。

この本《ほん》を通《とお》していろいろな「ことわざ・慣用句《かんようく》」を知《し》って、ぜひ日常《にちじょう》で使《つか》ってみてください。

この本《ほん》の読《よ》み方《かた》

この本《ほん》では、たくさんの「ことわざ・慣用句《かんようく》」が出《で》てきます。そもそもですが、「ことわざ」と「慣用句《かんようく》」の違《ちが》いは何《なに》かわかりますか？

［ことわざ］ 昔《むかし》から言《い》い伝《つた》えられてきた短《みじか》い言葉《ことば》。生活《せいかつ》の知恵《ちえ》などを教《おし》えてくれるもの。

［慣用句《かんようく》］ 二《ふた》つ以上《いじょう》の言葉《ことば》が結《むす》びつくことで、元《もと》の言葉《ことば》とは違《ちが》う特別《とくべつ》な意味《いみ》を表《あらわ》すもの。

厳密《げんみつ》に区別《くべつ》して勉強《べんきょう》することは少《すく》ないので、この本《ほん》ではひとくくりにしています。似《に》たまとまりごとに5つの章《しょう》に分《わ》けているので、好《す》きなページからパラパラと開《ひら》いてみてください。

キャラクター紹介《しょうかい》

うさまる

白《しろ》くてもちふわなうさぎの男《おとこ》の子《こ》。
素直《すなお》で優《やさ》しい性格《せいかく》。
ちょっとだけ臆病《おくびょう》だけど好奇心旺盛《こうきしんおうせい》。

うさこ

うさまると仲良《なかよ》しな
ピンク色《いろ》のうさぎの女《おんな》の子《こ》。
いちごやスイーツが好物《こうぶつ》。

いみ・つかいかた

言葉《ことば》の意味《いみ》と具体的《ぐたいてき》な使《つか》い方《かた》を
例文《れいぶん》で示《しめ》しています。

ことわざ・慣用句《かんようく》

小学校《しょうがっこう》の国語《こくご》で頻出《ひんしゅつ》する200語《ご》を
厳選《げんせん》しています。

明日《あした》は明日《あした》の風《かぜ》がふく

[いみ]

先のことをあれこれ考えても仕方がない。

[つかいかた]

・失敗したからってくよくよしなくていいよ。**明日は明日の風がふく**ものさ。

うさまるにひとこと!
明日になったらきっといいことがあるよ。

040

犬《いぬ》も歩《ある》けばぼうに当《あ》たる

[いみ]

①動いたことで思わぬ幸運に出合う。

②余計なことをして災難にあう。

[つかいかた]

・①おつかいに行ったら、**犬も歩けばぼうに当たる**で知り合いのおばさんにおかしをもらった。

・②両親の話に出しゃばったら、おこられてしまった。**犬も歩けばぼうに当たる**だ。

ゲット〜
うさまるにひとこと!
うさまるはお使いに行っていいことに出合ったんだね。

041

ひとこと

イラストと一言《ひとこと》を見《み》ながら、
楽《たの》しく言葉《ことば》を覚《おぼ》えることができます。

てんとう虫《むし》

旅《たび》の途中《とちゅう》に
うさまると出会《であ》ってなつく。

くまさん

うさまるの
大《おお》きいぬいぐるみ。

ひよこ

心《こころ》も体《からだ》も温《あたた》かい。
集団行動《しゅうだんこうどう》が得意《とくい》。

CONTENTS

はじめに……2
この本《ほん》の読《よ》み方《かた》……4

1章 生活《せいかつ》・食《た》べ物《もの》のことわざ・慣用句《かんようく》

相《あい》づちを打《う》つ……12
青菜《あおな》に塩《しお》……13
朝飯前《あさめしまえ》……14
汗水《あせみず》たらす……15
穴《あな》があったら入《はい》りたい……16
油《あぶら》を売《う》る……17
甘《あま》い汁《しる》を吸《す》う……18
泡《あわ》を食《く》う……19
医者《いしゃ》の不養生《ふようじょう》……20
急《いそ》がば回《まわ》れ……21
絵《え》に描《か》いたもち……22
縁《えん》の下《した》の力持《ちからも》ち……23
お茶《ちゃ》をにごす……24
果報《かほう》は寝《ね》て待《ま》て……25
出《で》るくいは打《う》たれる……26
ない袖《そで》はふれない……27
情《なさ》けは人《ひと》のためならず……28
花《はな》よりだんご……29
武士《ぶし》は食《く》わねど高《たか》ようじ……30
ふたを開《あ》ける……31
筆《ふで》が立《た》つ……32
みそをつける……33
もちはもち屋《や》……34
安物買《やすものか》いの銭失《ぜにうしな》い……35
綿《わた》のように疲《つか》れる……36
笑《わら》う門《かど》には福来《ふくきた》る……37
味《あじ》をしめる……38
えりを正《ただ》す……38
お鉢《はち》が回《まわ》る……38
帯《おび》に短《みじか》したすきに長《なが》し……38
机上《きじょう》の空論《くうろん》……38
げたを預《あず》ける……38
棚《たな》に上《あ》げる……38
たもとを分《わ》かつ……38
豆腐《とうふ》にかすがい……38
毒《どく》を食《く》らわば皿《さら》まで……38

煮《に》ても焼《や》いても食《く》えない……38
身《み》もふたもない……38
眼鏡《めがね》にかなう……38
輪《わ》をかける……38

2章 自然《しぜん》・生《い》き物《もの》のことわざ・慣用句《かんようく》

明日《あした》は明日《あした》の風《かぜ》がふく……40
犬《いぬ》も歩《ある》けばぼうに当《あ》たる……41
牛《うし》の歩《あゆ》み……42
馬《うま》が合《あ》う……43
えびでたいをつる……44
鬼《おに》に金《かな》ぼう……45
かっぱに水練《すいれん》……46
かっぱの川流《かわなが》れ……47
かもがねぎをしょって来《く》る……48
かれ木《き》も山《やま》のにぎわい……49
きじも鳴《な》かずば打《う》たれまい……50
立《た》つ鳥《とり》あとをにごさず……51
たぬき寝入《ねい》り……52
ちりも積《つ》もれば山《やま》となる……53
月《つき》とすっぽん……54
虎《とら》の威《い》をかるきつね……55
虎《とら》の尾《お》をふむ……56
取《と》らぬたぬきの皮算用《かわざんよう》……57
どんぐりの背比《せいくら》べ……58
飛《と》んで火《ひ》にいる夏《なつ》の虫《むし》……59
泣《な》きっ面《つら》にはち……60
にがした魚《さかな》は大《おお》きい……61
ねこの手《て》も借《か》りたい……62
能《のう》あるたかはつめをかくす……63
冬来《ふゆき》たりなば春遠《はるとお》からじ……64
まな板《いた》のこい……65
雨降《あめふ》って地固《じかた》まる……66
馬《うま》の耳《みみ》に念仏《ねんぶつ》……66
風上《かざかみ》に置《お》けない……66
犬猿《けんえん》の仲《なか》……66
猿《さる》も木《き》から落《お》ちる……66
蛇《じゃ》の道《みち》は蛇《へび》……66
たで食《く》う虫《むし》も好《す》き好《ず》き……66
船頭《せんどう》多《おお》くして船山《ふねやま》に登《のぼ》る……66
天狗《てんぐ》になる……66
虎《とら》の子《こ》……66
とんびに油揚《あぶらあ》げをさらわれる……66
ひょうたんから駒《こま》が出《で》る……66
風雲急《ふううんきゅう》を告《つ》げる……66
やぶから棒《ぼう》……66

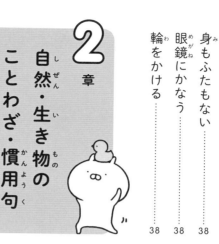

3章 体《からだ》のことわざ・慣用句《かんようく》

足《あし》が地《ち》につかない……68
足《あし》が棒《ぼう》になる……69
頭《あたま》が上《あ》がらない……70
頭隠《あたまかく》して尻隠《しりかく》さず……71
後《うし》ろ指《ゆび》を指《さ》される……72
腕《うで》を振《ふ》るう……73
顔《かお》から火《ひ》が出《で》る……74
顔《かお》に泥《どろ》をぬる……75
壁《かべ》に耳《みみ》あり障子《しょうじ》に目《め》あり……76
肝《きも》を冷《ひ》やす……77
口《くち》が軽《かる》い……78
首《くび》が回《まわ》らない……79
心《こころ》を鬼《おに》にする……80
手《て》も足《あし》も出《で》ない……81
手《て》を打《う》つ……82
寝耳《ねみみ》に水《みず》……83
喉元《のどもと》過《す》ぎれば熱《あつ》さを忘《わす》れる……84
鼻息《はないき》が荒《あら》い……85
鼻《はな》が高《たか》い……86
腹《はら》が減《へ》っては戦《いくさ》ができぬ……87
耳《みみ》にたこができる……88
耳《みみ》をかたむける……89
目頭《めがしら》が熱《あつ》くなる……90
目《め》が回《まわ》る……91
目《め》は口《くち》ほどにものを言《い》う……92
目《め》を光《ひか》らす……93
息《いき》を呑《の》む……94
後《うし》ろ髪《がみ》を引《ひ》かれる……94
肩《かた》の荷《に》が下《お》りる……94
かゆいところに手《て》が届《とど》く……94
心《こころ》を砕《くだ》く……94
喉《のど》から手《て》が出《で》る……94
鼻《はな》を明《あ》かす……94
腹《はら》の虫《むし》が治《おさ》まらない……94
額《ひたい》を集《あつ》める……94
人《ひと》の口《くち》には戸《と》が立《た》てられない……94
腑《ふ》に落《お》ちない……94
骨《ほね》が折《お》れる……94
耳《みみ》をそろえる……94
目《め》くじらを立《た》てる……94

4章 数《かず》のことわざ・慣用句《かんようく》

一《いち》か八《ばち》か……96

一難《いちなん》去《さ》ってまた一難《いちなん》……97
一年《いちねん》の計《けい》は元旦《がんたん》にあり……98
一富士《いちふじ》二鷹《にたか》三茄子《さんなすび》……99
一《いち》を聞《き》いて十《じゅう》を知《し》る……100
一巻《いっかん》の終《お》わり……101
一糸《いっし》乱《みだ》れず……102
一筋縄《ひとすじなわ》ではいかない……103
一旗《ひとはた》揚《あ》げる……104
一花《ひとはな》咲《さ》かせる……105
二階《にかい》から目薬《めぐすり》……106
二足《にそく》のわらじを履《は》く……107
二進《にっち》も三進《さっち》も……108
二度《にど》あることは三度《さんど》ある……109
二《に》の足《あし》を踏《ふ》む……110
二《に》の舞《まい》を演《えん》ずる……111
石《いし》の上《うえ》にも三年《さんねん》……112
三人《さんにん》寄《よ》れば文殊《もんじゅ》の知恵《ちえ》……113
早起《はやお》きは三文《さんもん》の徳《とく》……114
仏《ほとけ》の顔《かお》も三度《さんど》……115
三《み》つ子《ご》の魂《たましい》百《ひゃく》まで……116
なくて七癖《ななくせ》……117
七転《ななころ》び八起《やお》き……118
当《あ》たるも八卦《はっけ》当《あ》たらぬも八卦《はっけ》……119
九死《きゅうし》に一生《いっしょう》を得《え》る……120
人《ひと》のうわさも七十五日《しちじゅうごにち》……121
一事《いちじ》が万事《ばんじ》……122
一目《いちもく》置《お》く……122
一《いち》も二《に》もなく……122
一国一城《いっこくいちじょう》の主《あるじ》……122
一肌《ひとはだ》脱《ぬ》ぐ……122
天《てん》は二物《にぶつ》を与《あた》えず……122
二番煎《にばんせん》じ……122
二枚舌《にまいじた》を使《つか》う……122
二《に》の句《く》が継《つ》げない……122
犬《いぬ》は三日《みっか》飼《か》えば三年《さんねん》……122
恩《おん》を忘《わす》れぬ……122
三拍子《さんびょうし》そろう……122
口《くち》も八丁《はっちょう》手《て》も八丁《はっちょう》……122
鬼《おに》も十八《じゅうはち》番茶《ばんちゃ》も出花《でばな》……122
百《ひゃく》も承知《しょうち》……122

5章 その他《ほか》のことわざ・慣用句《かんようく》

悪事千里《あくじせんり》を走《はし》る……124
案《あん》ずるより産《う》むがやすし……125
色《いろ》を失《うしな》う……126
色《いろ》をなす……127
かわいい子《こ》には旅《たび》をさせよ……128
黄色《きいろ》い声《こえ》……129
脚光《きゃっこう》を浴《あ》びる……130

清水《きよみず》の舞台《ぶたい》から飛《と》び降《お》りる……131
きら星《ほし》のごとく……132
子《こ》はかすがい……133
転《ころ》ばぬ先《さき》のつえ……134
先《さき》んずれば人《ひと》を制《せい》す……135
砂上《さじょう》の楼閣《ろうかく》……136
朱《しゅ》に交《まじ》われば赤《あか》くなる……137
白羽《しらは》の矢《や》が立《た》つ……138
太鼓判《たいこばん》を押《お》す……139
他人《たにん》の空似《そらに》……140
てこでも動《うご》かない……141
時《とき》は金《かね》なり……142
逃《に》げるが勝《か》ち……143
白紙《はくし》に戻《もど》す……144
旗色《はたいろ》が悪《わる》い……145
待《ま》てば海路《かいろ》の日和《ひより》あり……146
右《みぎ》も左《ひだり》もわからない……147
元《もと》の木阿弥《もくあみ》……148

門前《もんぜん》の小僧《こぞう》習《なら》わぬ経《きょう》を読《よ》む……149
青筋《あおすじ》を立《た》てる……150
赤《あか》の他人《たにん》……150
色《いろ》を付《つ》ける……150
うだつが上《あ》がらない……150
金《かね》は天下《てんか》の回《まわ》りもの……150
金時《きんとき》の火事見舞《かじみま》い……150
黒白《こくびゃく》を争《あらそ》う……150
白《しら》を切《き》る……150
住《す》めば都《みやこ》……150
赤貧《せきひん》洗《あら》うがごとし……150
取《と》り付《つ》く島《しま》もない……150
日光《にっこう》を見《み》ずして結構《けっこう》と言《い》うな……150
弁慶《べんけい》の立《た》ち往生《おうじょう》……150
洋《よう》の東西《とうざい》を問《と》わず……150

索引《さくいん》……151
おわりに……158

デザイン　喜來詩織（エントツ）
DTP　クニメディア
執筆　あいげん社
校正　鷗来堂

1
章

生活《せいかつ》・食《た》べ物《もの》の ことわざ・慣用句《かんようく》

相《あい》づちを打《う》つ

【いみ】

相手《あいて》の話《はなし》にうなずいたり、調子《ちょうし》を合《あ》わせたりする。

【つかいかた】

- 友達《ともだち》のアイデアに**相《あい》づちを打《う》って**賛成《さんせい》した。
- 話《はなし》をいいかげんに聞《き》いて**相《あい》づちを打《う》つ**ことを、生返事《なまへんじ》という。

うさまるにひとこと!

うさまる、そんなに相《あい》づちを打《う》つと首《くび》がつかれるよ。

青菜《あおな》に塩《しお》

【いみ】

元気《げんき》がなくなり、しょんぼりする。

【つかいかた】

・家《いえ》に帰《かえ》ったら、おやつが弟《おとうと》に食《た》べられていて、**青菜《あおな》に塩《しお》**になってしまった。

・野球部《やきゅうぶ》の兄《あに》は、逆転《ぎゃくてん》ホームランで負《ま》けて落《お》ち込《こ》んでいる。まさに**青菜《あおな》に塩《しお》**だ。

くまさんにひとこと！

青菜《あおな》に塩《しお》をかけたみたいに
しなしなになって、何《なに》があったの？

朝《あさ》飯《めし》前《まえ》

【いみ】

朝《あさ》ごはん前《まえ》の短《みじか》い時間《じかん》でもできるほど、簡単《かんたん》なこと。

【つかいかた】

- 今回《こんかい》の漢字《かんじ》テストはぼくには簡単《かんたん》すぎて**朝《あさ》飯《めし》前《まえ》**だった。
- ピアノをひくことなんて**朝《あさ》飯《めし》前《まえ》**だ。

うさまるに ひとこと！

朝《あさ》ごはんの前《まえ》に宿題《しゅくだい》したって？
まさに朝飯前《あさめしまえ》だね。

汗水《あせみず》たらす

【いみ】

一生《いっしょう》けん命《めい》働《はたら》く。

【つかいかた】

- **汗水《あせみず》たらし**て、庭《にわ》の草取《くさと》りをした。
- 警察官《けいさつかん》の兄《あに》は、**汗水《あせみず》たらし**て町《まち》の平和《へいわ》のために働《はたら》いている。

うさまるにひとこと！

がんばって汗《あせ》を流《なが》した後《あと》は、冷《つめ》たい飲《の》み物《もの》が最高《さいこう》だね。

穴《あな》があったら入《はい》りたい

【いみ】

穴《あな》があったら、そこにかくれてしまいたいほどはずかしい。

【つかいかた】

・朝礼《ちょうれい》のときに、おならをしてしまった。**穴《あな》があったら入《はい》りたい**。

うさまるに
ひとこと!

はずかしくてかくれたいなら、
穴《あな》をほってあげるよ。

油《あぶら》を売《う》る

【いみ】

仕事《しごと》をなまけてむだ話《ばなし》などをする。

【つかいかた】

- 木《こ》かげで**油《あぶら》を売《う》って**いないで、早《はや》く練習《れんしゅう》しなさい。
- そうじ中《ちゅう》に**油《あぶら》を売《う》って**いた山田《やまだ》さんたちは先生《せんせい》におこられた。

さぼりたい

くまさんにひとこと！

さぼりたい気持《きも》ちも分《わ》かるけど、油《あぶら》を売《う》らず仕事《しごと》はしっかりね。

甘《あま》い汁《しる》を吸《す》う

【いみ】

自分《じぶん》では何《なん》の苦労《くろう》もしないで、利益《りえき》だけを得《え》る。

【つかいかた】

● 努力《どりょく》もしないで**甘《あま》い汁《しる》を吸《す》おう**だなんて甘《あま》い考《かんが》えだ。

● 小山君《こやまくん》は、何《なに》もせずに**甘《あま》い汁《しる》を吸《す》う**ような人《ひと》ではない。

うさまるとうさこにひとこと!

ちゃんと仕事《しごと》をした後《あと》なら、
甘《あま》い汁《しる》(ジュース)を吸《す》ってもいいよ。

泡《あわ》を食《く》う

【いみ】

とても驚《おどろ》いたりして、あわてる。

【つかいかた】

・木村《きむら》さんは、とつぜん先生《せんせい》に指名《しめい》されて、**泡《あわ》を食《く》った**顔《かお》になった。

・目《め》の前《まえ》に大《おお》きな犬《いぬ》がいたので、**泡《あわ》を食《く》って**逃《に》げ出《だ》した。

うさまるにひとこと！

いつも心《こころ》おだやかなら、
びっくりすることはないよ。……多分《たぶん》。

医者《いしゃ》の不養生《ふようじょう》

【いみ】

他人《たにん》にアドバイスしながら、自分《じぶん》ではそれをしないこと。

【つかいかた】

- 医者《いしゃ》の父《ちち》が熱《ねつ》を出《だ》してたおれた。まさに**医者《いしゃ》の不養生《ふようじょう》**だ。
- 弟《おとうと》に勉強《べんきょう》しなさいと言《い》っているのに、**医者《いしゃ》の不養生《ふようじょう》**で、自分《じぶん》はついなまけてしまう。

うさこにひとこと!

医者《いしゃ》の不養生《ふようじょう》と言《い》われないように自分《じぶん》で言《い》ったことはきちんとやろうね。

急《いそ》がば回《まわ》れ

【いみ】

急《いそ》いでいるときほど、たとえ遠回《とおまわ》りでも安全《あんぜん》な方法《ほうほう》で行《おこな》うべき。

【つかいかた】

・サッカーがうまくなりたいなら、**急《いそ》がば回《まわ》れ**で、基本的《きほんてき》な練習《れんしゅう》をたくさんしよう。

・危険《きけん》な山道《やまみち》より、遠回《とおまわ》りでも安全《あんぜん》なふもとの道《みち》を通《とお》っていこう。**急《いそ》がば回《まわ》れ**だ。

ゆっくりで大丈夫

うさまるにひとこと!

急《いそ》ぎすぎると、ろくなことはないよね。
ゆっくり、落《お》ち着《つ》いていこう。

絵《え》に描《か》いたもち

【いみ】

立派《りっぱ》そうに見《み》えても実際《じっさい》には何《なん》の役《やく》にも立《た》たないこと。また、計画《けいかく》するだけで実現《じつげん》することのないこと。

【つかいかた】

- 彼《かれ》のアイデアは**絵《え》に描《か》いたもち**で、実際《じっさい》にやるのは難《むずか》しい。
- 毎月《まいつき》の目標《もくひょう》をつくったけれど、**絵《え》に描《か》いたもち**にならないようにがんばろう。

うさまるとうさこにひとこと!

かしわもちになったつもり?
まさに絵《え》に描《か》いたもちだね。

縁《えん》の下《した》の力《ちから》持《も》ち

【いみ】

目立《めだ》たないところで人《ひと》のためにつくすこと。
また、その人《ひと》。

【つかいかた】

・大《おお》きなことを成《な》しとげた人《ひと》のそばには、必《かなら》ず**縁《えん》の下《した》の力《ちから》持《も》ち**がいる。

・学芸会《がくげいかい》が成功《せいこう》したのは、水野《みずの》さんが**縁《えん》の下《した》の力《ちから》持《も》ち**になってがんばったおかげだ。

うさまるとくまさんにひとこと!

うさまるたちもみんなを元気《げんき》にする、
縁《えん》の下《した》の力《ちから》持《も》ちだね。

お茶《ちゃ》をにごす

【いみ】

いいかげんなことを言《い》ったりして、その場《ば》をごまかす。

【つかいかた】

- 部屋《へや》のそうじをしなさいと言《い》われたが、あいまいな返事《へんじ》で**お茶《ちゃ》をにごした**。
- 友達《ともだち》から真剣《しんけん》な相談《そうだん》を受《う》けたら、いいかげんな態度《たいど》で**お茶《ちゃ》をにごして**はいけない。

うさこにひとこと!

お茶《ちゃ》をにごさず答《こた》えたら、お茶《ちゃ》を飲《の》んでほっとしよう。

果報《かほう》は寝《ね》て待《ま》て

【いみ】

幸運《こううん》が来《く》るかどうかは自分《じぶん》ではどうにもできないので、向《む》こうから来《く》るのをあせらず待《ま》とう。

【つかいかた】

● がんばって勉強《べんきょう》したから、あとはテストが返《かえ》ってくるのを待《ま》つだけ。**果報《かほう》は寝《ね》て待《ま》て**だ。

うさまるにひとこと！

ぐっすり寝《ね》すぎて、
幸運《こううん》をのがさないようにね。

出《で》るくいは打《う》たれる

【いみ】

目立《めだ》って優《すぐ》れている人《ひと》は、ねたまれたり、にくまれたりする。また、出《で》しゃばりすぎると非難《ひなん》される。

【つかいかた】

● **出《で》るくいは打《う》たれる**というから、あまり出《で》しゃばらないようにしよう。

うさまるにひとこと!

目立《めだ》ちすぎると、思《おも》わぬところから非難《ひなん》されるかも。

ない袖《そで》はふれない

【いみ】

何《なん》とかしてあげたいと思《おも》っても、実際《じっさい》にないものは、どうしようもない。

【つかいかた】

● 母《はは》に、新《あたら》しいゲームを買《か》ってほしいと言《い》ったら、**ない袖《そで》はふれない**と言《い》われた。

うさまるとうさこにひとこと！

フラダンスって、どうしようもないときにおどるものだっけ？

情《なさ》けは人《ひと》のためならず

【いみ】

人《ひと》に親切《しんせつ》にすると、いずれは自分《じぶん》にいいことがめぐってくる。

【つかいかた】

- 友達《ともだち》の重《おも》い荷物《にもつ》を持《も》ってあげたら、お礼《れい》にケーキをもらった。**情《なさ》けは人《ひと》のためならず**だ。

うさまるにひとこと!

お礼《れい》がなくても、だれかのために親切《しんせつ》にするのは気持《きも》ちいいね。

花《はな》よりだんご

【いみ】

見《み》た目《め》の美《うつく》しさを楽《たの》しむよりも、実際《じっさい》に何《なに》かの役《やく》に立《た》つもののほうがよいということ。

【つかいかた】

- 美《うつく》しい景色《けしき》よりもお弁当《べんとう》が楽《たの》しみだなんて、まさに**花《はな》よりだんご**だね。
- 言葉《ことば》でほめられるよりも、ごほうびをもらうほうがいい。**花《はな》よりだんご**さ。

うさまるにひとこと！

おだんご、おいしいだけじゃなくて
おなかもいっぱいになるね！

武士《ぶし》は食《く》わねど高《たか》ようじ

【いみ】

弱《よわ》いところを見《み》せず、気位《きぐらい》を高《たか》く持《も》つということ。やせがまんをすること。

【つかいかた】

● 今日《きょう》はとても寒《さむ》いのに、兄《あに》は、**武士《ぶし》は食《く》わねど高《たか》ようじ**と言《い》って、上着《うわぎ》を着《き》なかった。

● **武士《ぶし》は食《く》わねど高《たか》ようじ**というが、やせがまんのしすぎはよくない。

うさこに
ひとこと!

おなかが減《へ》ったら、がまんせずに
おやつを食《た》べていいんだよ。

ふたを開《あ》ける

【いみ】

①ものごとを始《はじ》める。

②劇場《げきじょう》で舞台《ぶたい》などの上演《じょうえん》を始《はじ》める。

【つかいかた】

・①計画《けいかく》がうまくいくかどうかは、**ふたを開《あ》けて**みないとわからない。

・②有名《ゆうめい》なアイドルが出演《しゅつえん》する舞台《ぶたい》の**ふたが開《あ》いた**。

うさまるにひとこと！

ふたを開《あ》けたら、
何《なに》が出《で》てくるのかな？

筆《ふで》が立《た》つ

【いみ】

文章《ぶんしょう》を書《か》くのが上手《じょうず》である。

【つかいかた】

- クラス代表《だいひょう》のあいさつ文《ぶん》を考《かんが》えるのは、**筆《ふで》が立《た》つ**山下《やました》さんにお願《ねが》いした。
- 小説家《しょうせつか》になった兄《あに》は、小学生《しょうがくせい》のころから**筆《ふで》が立《た》つ**と有名《ゆうめい》だった。

うさまるにひとこと!

たまには手書《てが》き文字《もじ》の年賀状《ねんがじょう》が欲《ほ》しくなるね。

みそをつける

【いみ】

みそを器《うつわ》につけてよごしてしまうということから、失敗《しっぱい》してはずかしく思《おも》うという意味《いみ》。

【つかいかた】

- 大事《だいじ》な試合《しあい》でエラーをしてしまい、**みそをつける**結果《けっか》になってしまった。
- 合唱《がっしょう》コンクールは、私《わたし》の失敗《しっぱい》でクラスのみんなに**みそをつけて**しまった。

うさまるにひとこと！

でも、失敗《しっぱい》は成功《せいこう》のもとともいうから、はずかしがらないで。

もちはもち屋《や》

【いみ】

何事《なにごと》にも専門家《せんもんか》がいるので、その人《ひと》に任《まか》せたほうがよいということ。

【つかいかた】

- 算数《さんすう》を教《おし》えてもらうなら、**もちはもち屋《や》**で、算数《さんすう》の得意《とくい》な彼《かれ》におねがいしよう。
- 誕生会《たんじょうかい》のクッキーはパティシエの父《ちち》にたのもう。**もちはもち屋《や》**だ。

うさまるにひとこと!

うさまるの得意《とくい》なことは何《なに》かな。みんなに教《おし》えてあげて。

安物買《やすものか》いの銭失《ぜにうしな》い

【いみ】

安《やす》いものを買《か》うと、品質《ひんしつ》が悪《わる》くてすぐ壊《こわ》れるので、結局《けっきょく》は高《たか》くつく。

【つかいかた】

・バーゲンセールで買《か》ったタブレットがもう壊《こわ》れてしまった。**安物買《やすものか》いの銭失《ぜにうしな》い**とはこのことだ。

うさまるにひとこと！

いいものを買《か》って長《なが》く使《つか》うほうが、
かえって経済的《けいざいてき》なんだね。

綿《わた》のように疲《つか》れる

【いみ】

ふわふわの綿《わた》のように、自分《じぶん》で立《た》っていられないほどひどく疲《つか》れる。

【つかいかた】

・朝《あさ》からずっと歩《ある》き続《つづ》けていたので、**綿《わた》のように疲《つか》れた。**

・受験《じゅけん》を終《お》えた姉《あね》は、**綿《わた》のように疲《つか》れた**と言《い》って、そのままぐっすり眠《ねむ》ってしまった。

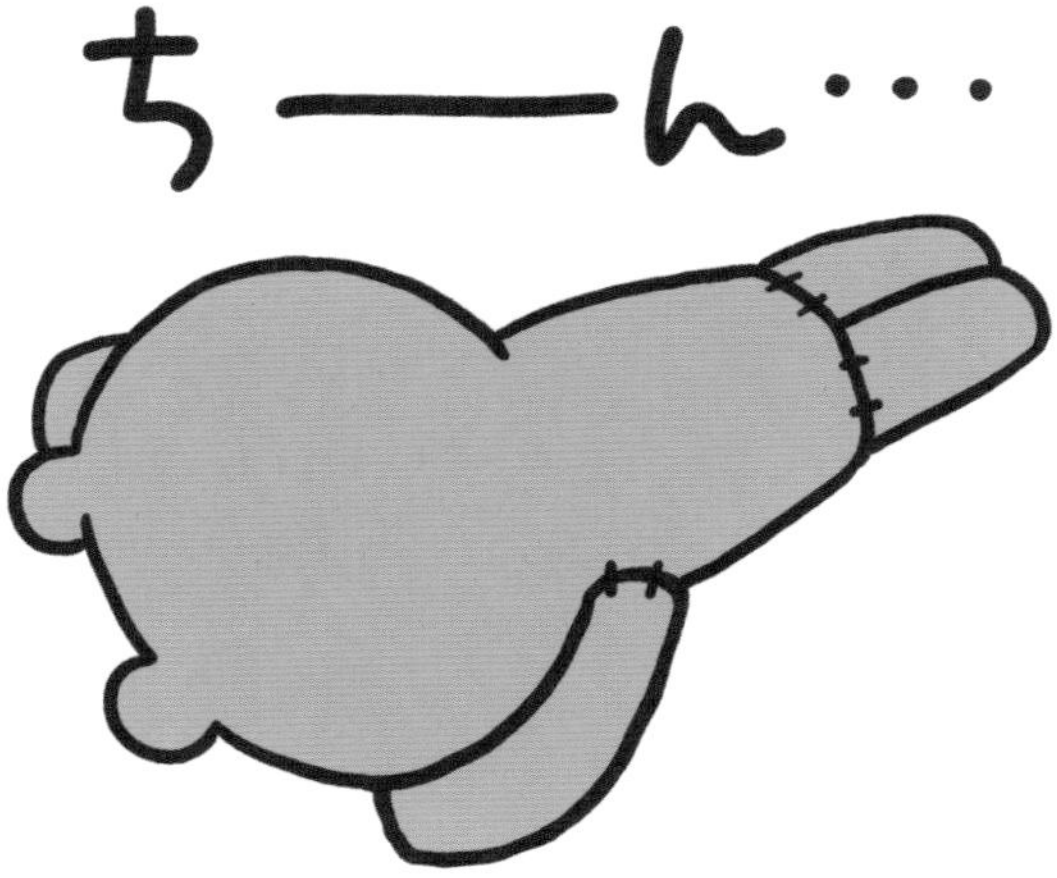

くまさんにひとこと！

綿《わた》のように疲《つか》れたなら、
今日《きょう》はゆっくり休《やす》んでいいよ。

笑《わら》う門《かど》には福《ふく》来《きた》る

【いみ】

いつも笑《わら》いが絶《た》えない家《いえ》には、自然《しぜん》と幸福《こうふく》が訪《おとず》れる。

【つかいかた】

・**笑《わら》う門《かど》には福来《ふくきた》る**というから、つらいときにはくよくよしないで、いつでも笑《わら》ってい よう。

うさまるに ひとこと!

うさまるも、いつも笑《わら》っていたら きっといいことがあるよ。

生活《せいかつ》・食《た》べ物《もの》のことわざ・慣用句《かんようく》

味《あじ》をしめる
うまくいったことがまた次《つぎ》にも起《お》きると期待《きたい》する。

えりを正《ただ》す
気持《きも》ちを引《ひ》きしめる。

お鉢《はち》が回《まわ》る
順番《じゅんばん》が自分《じぶん》に回《まわ》ってくる。

帯《おび》に短《みじか》したすきに長《なが》し
中途半端《ちゅうとはんぱ》で、役《やく》に立《た》たないこと。

机上《きじょう》の空論《くうろん》
役《やく》に立《た》たない理論《りろん》や考《かんが》え。

げたを預《あず》ける
相手《あいて》にすべて任《まか》せる。

棚《たな》に上《あ》げる
都合《つごう》の悪《わる》いことにはふれないでおく。

たもとを分《わ》かつ
それまでいっしょにいた人《ひと》と別《わか》れる。

豆腐《とうふ》にかすがい
効《き》き目《め》も手《て》ごたえもないようす。

毒《どく》を食《く》らわば皿《さら》まで
一度悪事《いちどあくじ》に手《て》を染《そ》めた以上《いじょう》、最後《さいご》まで悪事《あくじ》を重《かさ》ねる。

煮《に》ても焼《や》いても食《く》えない
どうやっても思《おも》うようにならない。

身《み》もふたもない
はっきりしすぎていて、おもむきがない。

眼鏡《めがね》にかなう
目上《めうえ》の人《ひと》に評価《ひょうか》され、気《き》に入《い》られる。

輪《わ》をかける
ものごとを大《おお》げさにする。

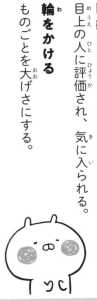

2

章

自然《しぜん》・生《い》き物《もの》のことわざ・慣用句《かんようく》

明日《あした》は明日《あした》の風《かぜ》がふく

【いみ】

先《さき》のことをあれこれ考《かんが》えても仕方《しかた》がない。

【つかいかた】

- 失敗《しっぱい》したからって、くよくよしなくていいよ。**明日《あした》は明日《あした》の風《かぜ》がふく**ものさ。

うさまるにひとこと!

明日《あした》になったらきっといいことがあるよ。

犬《いぬ》も歩《ある》けば ぼうに当《あ》たる

【いみ】

①動《うご》いたことで思《おも》わぬ幸運《こううん》に出合《であ》う。

②余計《よけい》なことをして災難《さいなん》にあう。

【つかいかた】

・①おつかいに行《い》ったら、**犬《いぬ》も歩《ある》けばぼうに当《あ》たる**で知《し》り合《あ》いのおばさんにおかしをもらった。

・②両親《りょうしん》の話《はなし》に出《で》しゃばったら、おこられてしまった。**犬《いぬ》も歩《ある》けばぼうに当《あ》たる**だ。

うさまるにひとこと！

うさまるはおつかいに行《い》って
いいことに出《で》合《あ》ったんだね。

牛《うし》の歩《あゆ》み

【いみ】

ものごとの進《すす》み具合《ぐあい》がおそいようす。

【つかいかた】

- 一時間《いちじかん》たっているのにまだ弟《おとうと》の部屋《へや》は片《かた》づいていない。まさに**牛《うし》の歩《あゆ》み**だ。
- **牛《うし》の歩《あゆ》み**だけれど、私《わたし》たちの計画《けいかく》は確実《かくじつ》に進《すす》んでいる。

うさまると
うさこに
ひとこと！

あわてるよりもゆっくり
やったほうがいいときもあるよね。

馬《うま》が合《あ》う

【いみ】

気《き》が合《あ》い、しっくりくる。

【つかいかた】

- 私《わたし》たちは同《おな》じ趣味《しゅみ》をもつ者《もの》どうし、とても**馬《うま》が合《あ》う**。
- うちのクラスには**馬《うま》が合《あ》う**ものどうしで五《いつ》つくらいの仲《なか》よしグループがある。

うさまるとうさこにひとこと！

うさまるとうさこも馬《うま》が合《あ》う二人《ふたり》だね。

えびでたいをつる

【いみ】

わずかな元手《もとで》で大《おお》きな利益《りえき》を得《え》る。

【つかいかた】

・友達《ともだち》にシールをあげたら、ケーキをごちそうしてくれたよ。**えびでたいをつる**だ。

・**えびでたいをつる**ように、楽《らく》して大《おお》もうけができるといいな。

うさまるにひとこと!

小《ちい》さなえびで大《おお》きなたいをつることができたらいいね。

鬼《おに》に金《かな》ぼう

【いみ】

もともと強《つよ》い者《もの》が、さらに強《つよ》い力《ちから》を手《て》に入《い》れて、もっと強《つよ》くなること。

【つかいかた】

- うちのチームに山田君《やまだくん》が加《くわ》われば**鬼《おに》に金《かな》ぼう**だ。
- 木村《きむら》さんは歌《うた》が上手《じょうず》なうえに、ピアノもひけるようになった。**鬼《おに》に金《かな》ぼう**だ。

うさまるに
ひとこと！

かわいいうさまるに、あと何《なに》が
加《くわ》われば鬼《おに》に金《かな》ぼうかな？

かっぱに水練《すいれん》

【いみ】

そのことをよく知《し》っている人《ひと》に、ものを教《おし》えようとするおろかさを表《あらわ》すことば。

【つかいかた】

・パソコンの得意《とくい》な田村《たむら》さんにソフトの使《つか》い方《かた》を教《おし》えるなんて、**かっぱに水練《すいれん》**だ。

・この町《まち》に住《す》んでいる君《きみ》には**かっぱに水練《すいれん》**だけど、駅前《えきまえ》は車《くるま》が多《おお》いから注意《ちゅうい》してね。

うさまるにひとこと!

かっぱに水泳《すいえい》を教《おそ》わると泳《およ》ぎがもっと上手《じょうず》になるかも。

かっぱの川流《かわなが》れ

【いみ】
どんな名人《めいじん》でも、ときには失敗《しっぱい》をすることがあるということ。

【つかいかた】
● 弟《おとうと》がテストで百点《ひゃくてん》を取《と》れなかったなんて、**かっぱの川流《かわなが》れ**だ。

うさまるに
ひとこと！

泳《およ》ぎが得意《とくい》でも、流《なが》されたら
大《だい》ピンチになるね。大丈夫《だいじょうぶ》？

かもがねぎをしょって来《く》る

【いみ】

都合《つごう》のよい相手《あいて》が、さらに都合《つごう》のよいものや話《はなし》をもってくる。

【つかいかた】

● 大《おお》そうじの手伝《てつだ》いが欲《ほ》しかったところに来《く》るなんて、**かもがねぎをしょって来《く》る**だね。

うさこに
ひとこと！

おなかがへっているときは、おいしいおみやげを持《も》ったお客《きゃく》さんが来《き》てほしいね。

かれ木《き》も山《やま》のにぎわい

【いみ】

必要《ひつよう》でないもの、つまらないものでも、ないよりはましだということ。

【つかいかた】

・**かれ木《き》も山《やま》のにぎわい**というから、私《わたし》の絵《え》をリビングにかざってね。

・君《きみ》の誕生日《たんじょうび》パーティーに、**かれ木《き》も山《やま》のにぎわい**で、私《わたし》も参加《さんか》させてもらうよ。

うさまるとうさこにひとこと！

かれ葉《は》を二人《ふたり》でふむと
がさがさ大《おお》にぎわいで楽《たの》しいね。

きじも鳴《な》かずば打《う》たれまい

【いみ】

余計《よけい》なことを言《い》ったために、災《わざわ》いを招《まね》いてしまう。

【つかいかた】

- 君《きみ》はいつも余計《よけい》なことを言《い》うからおこられるんだ。**きじも鳴《な》かずば打《う》たれまい**、だよ。

うさまるにひとこと!

打《う》たれるようなことは言《い》わないように気《き》を付《つ》けようね。

立《た》つ鳥《とり》あとをにごさず

【いみ】

立《た》ち去《さ》るときは、きちんと後《あと》しまつをするべきだ。

【つかいかた】

・**立《た》つ鳥《とり》あとをにごさず**というから、試合《しあい》の後《あと》はしっかりグラウンド整備《せいび》をしよう。

・ホテルの部屋《へや》をきれいにして出《で》たら、**立《た》つ鳥《とり》あとをにごさず**だとほめられた。

うさまるにひとこと！

お宿《やど》にとまった後《あと》は、
ちゃんとお部屋《へや》をきれいにね。

たぬき寝《ね》入《い》り

【いみ】

寝《ね》ているふりをすること。

【つかいかた】

・夜《よ》ふかしをしてマンガを読《よ》んでいたら、母《はは》が様子《ようす》を見《み》に来《き》たので、急《いそ》いで**たぬき寝《ね》入《い》り**をした。

・都合《つごう》が悪《わる》いからって、**たぬき寝《ね》入《い》り**をしちゃだめだよ。

うさまるとうさことくまさんにひとこと！

あれあれ、たぬき寝《ね》入《い》りかと思《おも》ったら、本当《ほんとう》に寝《ね》ていたね。

ちりも積《つ》もれば山《やま》となる

【いみ】

小《ちい》さなものやわずかなものでも、たくさん積《つ》み重《かさ》ねれば、大《おお》きなものになる。

【つかいかた】

- 毎日十円《まいにちじゅうえん》ためていたら、**ちりも積《つ》もれば山《やま》となる**で、プラモデルを買《か》うことができた。
- **ちりも積《つ》もれば山《やま》となる**から、一日一個《いちにちいっこ》ずつ漢字《かんじ》を覚《おぼ》えるぞ。

うさまるにひとこと！

小《ちい》さなひよこも、
たくさんいるとあったかいね。

月《つき》とすっぽん

【いみ】

二《ふた》つのものが、比《くら》べものにならないほどちがっていること。

【つかいかた】

- 同《おな》じ兄弟《きょうだい》なのに、弟《おとうと》のピアノのうで前《まえ》はプロ級《きゅう》で私《わたし》とは**月《つき》とすっぽん**だ。

うさまるに
ひとこと!

月《つき》とうさまるは、どっちもちがって
どっちもいい……だね。

虎《とら》の威《い》をかるきつね

【いみ】

自分《じぶん》には力《ちから》がないのに、他《ほか》の強《つよ》い人《ひと》の力《ちから》をたよりにいばること。

【つかいかた】

● 兄《あに》はサッカー部《ぶ》のキャプテンだから、といばっているが、**虎《とら》の威《い》をかるきつね**のようだ。

うさまると
うさこに
ひとこと!

「虎《とら》の威《い》」じゃなくて、
「虎《とら》の皮《かわ》」をかぶると強《つよ》そうだね。

虎《とら》の尾《お》をふむ

【いみ】

おそろしい虎《とら》の尾《お》をふむように、とても危険《きけん》なことをすることのたとえ。

【つかいかた】

● おこっている姉《あね》に話《はな》しかけようとするなんて、**虎《とら》の尾《お》をふむ**ようなものだ。

● **虎《とら》の尾《お》をふむ**つもりで、思《おも》い切《き》って近道《ちかみち》になる険《けわ》しい山道《やまみち》を進《すす》んだ。

うさまるとうさこにひとこと!

足《あし》の裏《うら》をふみふみするくらいなら
こわくないかもね。

取《と》らぬたぬきの皮算用《かわざんよう》

【いみ】

どうなるかわからないものに期待《きたい》して、あれこれ計画《けいかく》を立《た》てること。

【つかいかた】

- お年玉《としだま》をたくさんもらったら、いろいろ買《か》い物《もの》をするつもりだったのに、**取《と》らぬたぬきの皮算用《かわざんよう》**だった。

うさまるにひとこと！

皮算用《かわざんよう》であれこれ考《かんが》えているときは幸《しあわ》せだった？

どんぐりの背比《せいくら》べ

【いみ】

似《に》たり寄《よ》ったりで、たいしたちがいがないこと。

【つかいかた】

- 今回《こんかい》のピアノコンクールの出場者《しゅつじょうしゃ》は、みんな**どんぐりの背比《せいくら》べ**だった。
- 小山君《こやまくん》はぼくにテストの点《てん》で勝《か》ったといばっていたけど、たった一点差《いってんさ》だから、**どんぐりの背比《せいくら》べ**でしかない。

うさまるにひとこと!

どんぐりを見《み》つけた!
うさまるも特大《とくだい》のどんぐりだね。

飛《と》んで火《ひ》にいる夏《なつ》の虫《むし》

【いみ】

自分《じぶん》からわざわざ災難《さいなん》や危険《きけん》の中《なか》に飛《と》びこんでいくこと。

【つかいかた】

・先生《せんせい》の目《め》の前《まえ》でいたずらをするなんて、**飛《と》んで火《ひ》にいる夏《なつ》の虫《むし》**だ。

・泳《およ》げないのに堤防《ていぼう》から海《うみ》に飛《と》びこもうだなんて、**飛《と》んで火《ひ》にいる夏《なつ》の虫《むし》**だからやめなさい。

うさまるに ひとこと！

そんなに大声《おおごえ》で鳴《な》いていたら
すぐに見《み》つかっちゃうよ。

泣《な》きっ面《つら》にはち

【いみ】

悪《わる》いことのうえにさらに悪《わる》いことが重《かさ》なって起《お》こること。

【つかいかた】

- ゴールは外《はず》すし、すべって転《ころ》ぶし、今日《きょう》の試合《しあい》は**泣《な》きっ面《つら》にはち**だった。
- テストで悪《わる》い点《てん》だったうえに、かさを忘《わす》れてずぶぬれになるなんて、まさに**泣《な》きっ面《つら》にはち**だ。

うさまるにひとこと!

悪《わる》いことばかりじゃないよ。
泣《な》いていないで、早《はや》く家《いえ》に帰《かえ》ろ?

にがした魚《さかな》は大《おお》きい

【いみ】
手《て》に入《い》れかけてにがしてしまったものは、実《じっ》際《さい》より立派《りっぱ》に思《おも》える。

【つかいかた】
・熱《ねつ》を出《だ》してコンサートに行《い》けなかった。**にがした魚《さかな》は大《おお》きい**よ。

・**にがした魚《さかな》は大《おお》きい**と思《おも》わないように、チャンスはしっかりつかまえよう。

うさまるにひとこと!

つった魚《さかな》をにがしたからって泣《な》かないで。もう一度《いちど》チャレンジしようよ。

ねこの手《て》も借《か》りたい

【いみ】

非常《ひじょう》にいそがしく、一人《ひとり》でも多《おお》くの人手《ひとで》が欲《ほ》しい。

【つかいかた】

- この時期《じき》は父《ちち》のケーキ店《てん》はとてもいそがしいので、**ねこの手《て》も借《か》りたい**。
- 自分《じぶん》の部屋《へや》を一人《ひとり》でそうじするのは大変《たいへん》だ。**ねこの手《て》も借《か》りたい**ほどだ。

うさまるにひとこと!

いそがしいなら、ねこの手《て》ならぬ
うさぎの手《て》とくまの手《て》を借《か》りてみたら?

能《のう》あるたかはつめをかくす

【いみ】

実力《じつりょく》や才能《さいのう》のある人《ひと》は、むやみにそれを見《み》せびらかしたりはしない。

【つかいかた】

● 学級委員《がっきゅういいん》の川島《かわしま》さんは勉強《べんきょう》も運動《うんどう》も得意《とくい》だけれど、**能《のう》あるたかはつめをかくす**の言《こと》葉《ば》どおり、いばったりしないつつしみ深《ぶか》い人《ひと》だ。

うさまるにひとこと！

うさまるも実《じつ》はものすごいつめをかくしているんじゃない？

冬《ふゆ》来《き》たりなば春《はる》遠《とお》からじ

【いみ】

今《いま》はたとえ苦《くる》しくても、やがて幸《しあわ》せなときはやってくる。

【つかいかた】

・最近《さいきん》いいことがないけれど、**冬《ふゆ》来《き》たりなば春《はる》遠《とお》からじ**と信《しん》じてがんばろう。

うさまるにひとこと!

うさまる、今《いま》はとっても寒《さむ》い冬《ふゆ》でも
いつかは春《はる》がやってくるよ。

まな板《いた》のこい

【いみ】

相手《あいて》のなすがままになるしかないということ。

【つかいかた】

・今日《きょう》はサッカーチームのレギュラー発表《はっぴょう》の日《ひ》、**まな板《いた》のこい**の気分《きぶん》だ。

・歯医者《はいしゃ》さんの前《まえ》では**まな板《いた》のこい**、だまって口《くち》を開《あ》けることしかできない。

うさまるにひとこと！

まな板《いた》のこいの気分《きぶん》だからってやけにはならないで。

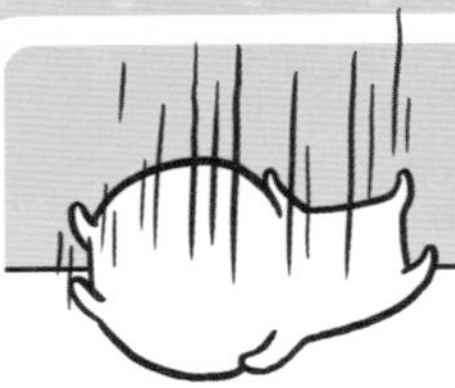

自然《しぜん》・生《い》き物《もの》のことわざ・慣用句《かんようく》

雨降《あめふ》って地固《じかた》まる
もめごとがあった後《あと》は
かえってよくなる。

馬《うま》の耳《みみ》に念仏《ねんぶつ》
注意《ちゅうい》をしても、まったく効《き》き目《め》のないこと。

風上《かざかみ》に置《お》けない
考《かんが》えや行動《こうどう》がよくない人《ひと》をののしることば。

犬猿《けんえん》の仲《なか》
とても仲《なか》が悪《わる》いこと。

猿《さる》も木《き》から落《お》ちる
上手《じょうず》な人《ひと》でも、たまに失敗《しっぱい》することがある。

蛇《じゃ》の道《みち》は蛇《へび》
同《おな》じ仲間《なかま》にはわかるということ。

船頭《せんどう》多《おお》くして船山《ふねやま》に登《のぼ》る
指図《さしず》する人《ひと》が多《おお》いと、
とんでもないことになる。

たで食《く》う虫《むし》も好《す》き好《ず》き
人《ひと》の好《この》みはいろいろある。

天狗《てんぐ》になる
うぬぼれて、いい気《き》になる。

虎《とら》の子《こ》
大切《たいせつ》にしまってあるお金《かね》や品物《しなもの》。

とんびに油揚《あぶらあ》げをさらわれる
大切《たいせつ》なものを横《よこ》から持《も》っていかれる。

ひょうたんから駒《こま》が出《で》る
ありえないと思《おも》ったことが
思《おも》いがけなく起《お》きる。

風雲急《ふううんきゅう》を告《つ》げる
大変《たいへん》なことが今《いま》にも起《お》こりそうだ。

やぶから棒《ぼう》
突然《とつぜん》、何《なに》かをしたり言《い》ったりする。

3 章

体《からだ》の ことわざ・慣《かん》用《よう》句《く》

足《あし》が地《ち》につかない

【いみ】

そわそわして落《お》ち着《つ》かない。

【つかいかた】

・発表会《はっぴょうかい》の舞台《ぶたい》の上《うえ》で、子《こ》どもたちはそわそわして、**足《あし》が地《ち》につかない**ようだ。

・明日《あす》は待《ま》ちに待《ま》った運動会《うんどうかい》。興奮《こうふん》して**足《あし》が地《ち》につかない**ような心地《ここち》だ。

うさまるに
ひとこと!

風船《ふうせん》でぷかぷかするのは楽《たの》しいけれど、
どこまでも飛《と》んで行《い》っちゃうぞ。

足《あし》が棒《ぼう》になる

【いみ】

長《なが》い間《あいだ》立《た》っていたり、歩《ある》いたりして、足《あし》の感《かん》覚《かく》がなくなり、動《うご》けなくなるほど疲《つか》れること。

【つかいかた】

- **足《あし》が棒《ぼう》になる**まで、落《お》とした財布《さいふ》を探《さが》して歩《ある》き回《まわ》った。
- 買《か》い物《もの》につきあわされて、すっかり**足《あし》が棒《ぼう》になった**よ。

うさまるとうさこにひとこと!

本当《ほんとう》に足《あし》が棒《ぼう》になっている!
棒《ぼう》になるって、そういうことじゃないかも。

頭《あたま》が上《あ》がらない

【いみ】

相手《あいて》と対等《たいとう》な立場《たちば》で接《せっ》することができない。

【つかいかた】

● うちでは、お父《とう》さんはお母《かあ》さんに**頭《あたま》が上《あ》がらない**んだ。

● 先《せん》ぱいにはいつもお世話《せわ》になっているから**頭《あたま》が上《あ》がらない**や。

うさこにひとこと!

それはね、頭《あたま》が上《あ》がらないのではなく、頭《あたま》を下《さ》げているんだよ…。

頭隠《あたまかく》して尻隠《しりかく》さず

【いみ】

悪《わる》い行《おこな》いや欠点《けってん》の一部《いちぶ》だけを隠《かく》して、全部《ぜんぶ》を隠《かく》したつもりでいること。

【つかいかた】

・うまく隠《かく》れたつもりでも、帽子《ぼうし》のツバが見《み》えているよ。**頭隠《あたまかく》して尻隠《しりかく》さず**だな。

・つまみ食《ぐ》いをした犯人《はんにん》がわかったよ。口《くち》にチョコがついている君《きみ》だ。**頭隠《あたまかく》して尻隠《しりかく》さず**とはこのことだ。

うさまるにひとこと！

頭《あたま》とお尻《しり》は隠《かく》れているけど、顔《かお》を出《だ》していたらバレバレだよ。

後《うし》ろ指《ゆび》を指《さ》される

【いみ】

かげであれこれ悪口《わるぐち》を言《い》われる。

【つかいかた】

- **後《うし》ろ指《ゆび》を指《さ》されない**ように、ふだんの行動《こうどう》には気《き》をつけてください。
- だれかに**後《うし》ろ指《ゆび》を指《さ》される**ようなことはしていない。

うさまると
うさこに
ひとこと!

指《ゆび》でつんつんつんつんつん。
どうやらツボに効《き》いているみたい。

腕《うで》を振《ふ》るう

【いみ】

もっている技術《ぎじゅつ》や能力《のうりょく》を、大《おお》いに発揮《はっき》する。

【つかいかた】

- シェフが**腕《うで》を振《ふ》るった**料理《りょうり》をめしあがれ。
- ようやく自《じ》まんの**腕《うで》を振《ふ》るう**ときがやってきた。

うさまるにひとこと！

腕《うで》を振《ふ》るった料理《りょうり》を食《た》べさせてくれるの？
オムライスかな？　楽《たの》しみ～。

顔《かお》から火《ひ》が出《で》る

【いみ】

とてもはずかしい思《おも》いをして、顔《かお》が真《ま》っ赤《か》になる。

【つかいかた】

- パンツが丸見《まるみ》えで、**顔《かお》から火《ひ》が出《で》る**かと思《おも》った。
- **顔《かお》から火《ひ》が出《で》る**ようなセリフを、平気《へいき》な顔《かお》で言《い》っている。

うさこにひとこと!

顔《かお》から火《ひ》が出《で》る前《まえ》に、
頭《あたま》から蒸気《じょうき》が出《で》ちゃっているね。

顔《かお》に泥《どろ》をぬる

【いみ】

相手《あいて》の名誉《めいよ》を傷《きず》つける。はじをかかせる。

【つかいかた】

・よくも私《わたし》の**顔《かお》に泥《どろ》をぬって**くれたな！　許《ゆる》さないぞ。

・もしも、この試合《しあい》に負《ま》けるようなことがあったら、コーチの**顔《かお》に泥《どろ》をぬる**ことになるぞ。

うさこにひとこと！

泥《どろ》のパックは、美容《びよう》にいいんだって。
よ～くぬりこんでね。

壁《かべ》に耳《みみ》あり障子《しょうじ》に目《め》あり

［いみ］

秘密《ひみつ》などがもれやすいことのたとえ。

［つかいかた］

- **壁《かべ》に耳《みみ》あり障子《しょうじ》に目《め》あり**だ。内緒《ないしょ》の話《はなし》をするときは気《き》をつけなくては。
- どこでだれが聞《き》いているかわからない、**壁《かべ》に耳《みみ》あり障子《しょうじ》に目《め》あり**だからね。

うさまるにひとこと!

壁《かべ》にも障子《しょうじ》にも、
カメラを構《かま》えたうさまるあり。

肝《きも》を冷《ひ》やす

【いみ】
非常《ひじょう》にびっくりする。ヒヤリとする。

【つかいかた】
・野球《やきゅう》のボールが飛《と》んできたので、窓《まど》に当《あ》たってガラスが割《わ》れるかと**肝《きも》を冷《ひ》やした。**
・**肝《きも》を冷《ひ》やす**ような怪談話《かいだんばなし》はやめよう。

うさまるとうさこにひとこと！

急《きゅう》にヒヤッとさせられて
アイスよりも冷《ひ》えちゃったよ。

口《くち》が軽《かる》い

【いみ】

言《い》ってはいけないことまで、簡単《かんたん》に話《はな》してしまう。

【つかいかた】

- この話《はなし》は、**口《くち》が軽《かる》い**人《ひと》には内《ない》しょにしてね。
- **口《くち》が軽《かる》い**と思《おも》われているけれど、本当《ほんとう》はとても口《くち》がかたいんだ。

うさこにひとこと!

話《はな》したくて、うずうずしている。
うさまるに電話《でんわ》したい！

首《くび》が回《まわ》らない

【いみ】

お金《かね》がなくなって、やりくりがつかない。

【つかいかた】

- 今月《こんげつ》のおこづかいも全部《ぜんぶ》使《つか》っちゃった。どうしよう**首《くび》が回《まわ》らない**よ〜。
- 会社《かいしゃ》が事業《じぎょう》に失敗《しっぱい》し、**首《くび》が回《まわ》らなく**なって、とうとう倒産《とうさん》した。

うさまるとくまさんにひとこと!

首《くび》をがっちりガードされて、首《くび》が回《まわ》りそうにありませんな。

心《こころ》を鬼《おに》にする

【いみ】

相手《あいて》のことを思《おも》って、わざと厳《きび》しくする。

【つかいかた】

● **心《こころ》を鬼《おに》にして**、水泳部《すいえいぶ》の部員《ぶいん》たちに指導《しどう》をするコーチ。

● 子《こ》どもの将来《しょうらい》のために、**心《こころ》を鬼《おに》にして**しかる。

うさまるに ひとこと!

節分《せつぶん》だからって、
心《こころ》まで鬼《おに》にならないで!

手《て》も足《あし》も出《で》ない

【いみ】

自分《じぶん》の力《ちから》では、どうすることもできない。

【つかいかた】

- **手《て》も足《あし》も出《で》ない**くらい大《おお》きな敵《てき》が、ぼくらの前《まえ》に立《た》ちはだかった。
- 優勝《ゆうしょう》したいけれど、相手《あいて》のチームが強《つよ》すぎて、今《いま》の実力《じつりょく》では**手《て》も足《あし》も出《で》ない**。

うさまるにひとこと！

そこから出《で》れば、手《て》も足《あし》も出《で》るよ。
あきらめないで！　うさまるならできる！

手《て》を打《う》つ

【いみ】

①話《はな》し合《あ》いなどをまとめる。

②ものごとがうまく進《すす》むように対策《たいさく》を立《た》てる。

【つかいかた】

①ぼくたちはグラウンドを半分《はんぶん》ずつ使《つか》うことで**手《て》を打《う》った**。

②失敗《しっぱい》しないように、前《まえ》もって**手《て》を打《う》って**おかないとね。

うさまるとくまさんにひとこと!

幸《しあわ》せなら手《て》を打《う》とう、
パン、パン!

寝耳《ねみみ》に水《みず》

【いみ】

予想《よそう》もしないできごとや不意《ふい》の知《し》らせにおどろくこと。

【つかいかた】

- **寝耳《ねみみ》に水《みず》**の話《はなし》におどろいて、飛《と》び上《あ》がった。
- 先生《せんせい》がやめちゃうなんて、**寝耳《ねみみ》に水《みず》**だよ。

うさまるとうさこにひとこと！

いきなり耳《みみ》に水《みず》が入《はい》ったら
そりゃ〜、びっくりするよね。

喉元《のどもと》過《す》ぎれば熱《あつ》さを忘《わす》れる

【いみ】

苦《くる》しいことや受《う》けた恩《おん》などは、過《す》ぎてしまうとすっかり忘《わす》れてしまう。

【つかいかた】

- **喉元《のどもと》過《す》ぎれば熱《あつ》さを忘《わす》れる**というけれど、みんなの応援《おうえん》を忘《わす》れることはない。
- **喉元《のどもと》過《す》ぎれば熱《あつ》さを忘《わす》れる**っていうのは、あいつみたいな恩知《おんし》らずのことだな。

うさまるにひとこと!

フーフーしたことも、スープの熱《あつ》さも…、
このラーメンの味《あじ》は決《けっ》して忘《わす》れない。

鼻息《はないき》が荒《あら》い

【いみ】

非常《ひじょう》に強気《つよき》で、意気《いき》ごみが激《はげ》しい。

【つかいかた】

・あいつはいつも**鼻息《はないき》が荒《あら》く**て、攻撃的《こうげきてき》だな。

・**鼻息《はないき》を荒《あら》く**して、勝負《しょうぶ》にのぞんだ。絶対《ぜったい》に勝《か》つぞ！

うさまるにひとこと！

うさまる、やる気満々《きまんまん》だね！
えっ！？　鼻《はな》がつまっているだけ？？

鼻《はな》が高《たか》い

【いみ】

得意《とくい》そうにするようす。ほこらしく思《おも》うようす。

【つかいかた】

● 物知《ものし》りの友達《ともだち》がいて、**鼻《はな》が高《たか》い**な。

● ノーベル賞《しょう》をとった博士《はかせ》がこの県《けん》の出身《しゅっしん》だった。同《おな》じ県民《けんみん》としてとても**鼻《はな》が高《たか》い**。

うさまるにひとこと!

鼻高《はなたか》の舞《ま》いをおどるうさまるは、ごきげんだね。

腹《はら》が減《へ》っては戦《いくさ》ができぬ

【いみ】

何《なに》をするにしても、まず食事《しょくじ》をしてからでないと、よい結果《けっか》は得《え》られない。

【つかいかた】

・**腹《はら》が減《へ》っては戦《いくさ》ができぬ**。ご飯《はん》をしっかり食《た》べて、明日《あす》の試験《しけん》にのぞむぞ。

・ふらふらじゃないか、**腹《はら》が減《へ》っては戦《いくさ》ができない**ぞ。まずは、栄養補給《えいようほきゅう》だ。

うさまるにひとこと！

うさまる、おなかが減《へ》ったね。
うどん食《た》べようか？

耳《みみ》にたこができる

【いみ】

同《おな》じことを何度《なんど》も聞《き》かされて、うんざりする。

【つかいかた】

・きみの自《じ》まん話《ばなし》には、もう**耳《みみ》にたこができ**たよ。

・**耳《みみ》にたこができる**くらい、その話《はなし》は何度《なんど》も聞《き》かされたよ。

※注：「たこ」は生《い》き物《もの》のタコではなく、かたくなった皮膚《ひふ》のこと

うさまるにひとこと！

うさまる、本物《ほんもの》のタコができちゃっているよ！

耳《みみ》をかたむける

【いみ】

熱心《ねっしん》に聞《き》く。注意《ちゅうい》してよく聞《き》く。

【つかいかた】

- 美《うつく》しい音楽《おんがく》に**耳《みみ》をかたむけて**いたら、あっという間《ま》に日《ひ》が暮《く》れていた。
- 集合《しゅうごう》を告《つ》げるアナウンスに**耳《みみ》をかたむけた。**

うさまるにひとこと！

ヘッドフォンが小《ちい》さすぎて、耳《みみ》がかたむいちゃっているよ。

目《め》頭《がしら》が熱《あつ》くなる

【いみ】

心《こころ》に深《ふか》く感《かん》じて、なみだが出《で》そうになる。

【つかいかた】

・ゾウの親子《おやこ》の愛情《あいじょう》あふれるテレビ番組《ばんぐみ》を見《み》ていたら、感動《かんどう》で**目《め》頭《がしら》が熱《あつ》くなった**。

・結婚式《けっこんしき》でのスピーチに、**目《め》頭《がしら》が熱《あつ》くなり**、そっとハンカチを取《と》り出《だ》した。

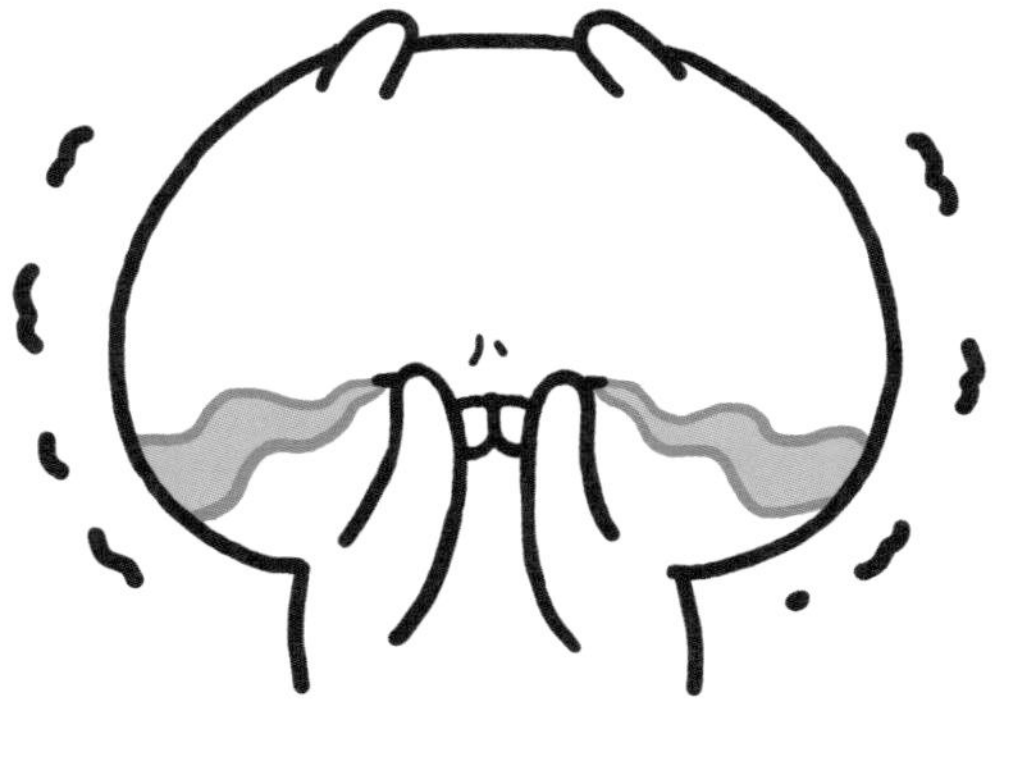

うさまるにひとこと!

目《め》頭《がしら》からふき出《だ》しちゃっているよ、熱《あつ》いなみだが。

目《め》が回《まわ》る

【いみ】

とてもいそがしい。

【つかいかた】

- 今日《きょう》は夏休《なつやす》み最後《さいご》の日《ひ》で、海《うみ》の家《いえ》は**目《め》が回《まわ》る**ほどの大繁盛《だいはんじょう》だった。
- 大晦日《おおみそか》は、**目《め》が回《まわ》る**ほどいそがしい。

うさまるにひとこと！

目《め》が回《まわ》って、ふらふらだね。
まっすぐ歩《ある》けるかな？

目《め》は口《くち》ほどにものを言《い》う

【いみ】

気《き》持《も》ちがこもった目《め》で見《み》れば、口《くち》で話《はな》すのと同《おな》じくらいに、気《き》持《も》ちが伝《つた》わるものだ。

【つかいかた】

● **目《め》は口《くち》ほどにものを言《い》う**とはよく言《い》ったものだ。言《い》わなくても、君《きみ》がこの肉《にく》まんを食《た》べたがっているのがよくわかるよ。

うさまるにひとこと!

うさまるの目《め》が言《い》っている。
「神《かみ》なの…?」

目《め》を光《ひか》らす

【いみ】

悪《わる》いことが起《お》きないように、厳《きび》しく見張《みは》る。

【つかいかた】

- おまわりさんが事故《じこ》が起《お》きないように、**目《め》を光《ひか》らせて**パトロールしている。
- そうじをさぼらないように、先生《せんせい》が**目《め》を光《ひか》らせて**いる。

うさまるにひとこと!

うさまるの目《め》が光《ひか》りました。
何《なに》かを見《み》つけたようですね。

体《からだ》のことわざ・慣用句《かんようく》

息《いき》を呑《の》む
おどろいて息《いき》を止《と》める。

後《うし》ろ髪《がみ》を引《ひ》かれる
未練《みれん》があって、きっぱりと思《おも》い切《き》れない。

肩《かた》の荷《に》が下《お》りる
重《おも》い責任《せきにん》を果《は》たして、ほっとする。

かゆいところに手《て》が届《とど》く
細《こま》かいところまで心配《こころくば》りが行《ゆ》き届《とど》いている。

心《こころ》を砕《くだ》く
あれこれと心配《しんぱい》して苦労《くろう》する。

喉《のど》から手《て》が出《で》る
どうしても欲《ほ》しくてたまらない。

鼻《はな》を明《あ》かす
出《だ》しぬいて、あっと言《い》わせる。

腹《はら》の虫《むし》が治《おさ》まらない
腹《はら》が立《た》って、我《が》まんできない。

額《ひたい》を集《あつ》める
大勢《おおぜい》が集《あつ》まって、熱心《ねっしん》に相談《そうだん》する。

人《ひと》の口《くち》には戸《と》が立《た》てられない
世間《せけん》のうわさや評判《ひょうばん》は防《ふせ》ぎようがない。

腑《ふ》に落《お》ちない
納得《なっとく》できない。

骨《ほね》が折《お》れる
手間《てま》や時間《じかん》がかかって苦労《くろう》する。

耳《みみ》をそろえる
金額《きんがく》を不足《ふそく》なく用意《ようい》する。

目《め》くじらを立《た》てる
人《ひと》のささいな欠点《けってん》を探《さが》し出《だ》して、とがめる。

4章

数《かず》の
ことわざ・慣用句《かんようく》

一《いち》か八《ばち》か

【いみ】

運《うん》にまかせて、思《おも》い切《き》ってやってみること。

【つかいかた】

・明日《あす》の試合《しあい》の相手《あいて》は強敵《きょうてき》だ。**一《いち》か八《ばち》か**でぶつかってみるよ。

・**一《いち》か八《ばち》か**の勝負《しょうぶ》で、運《うん》よく勝《か》ち残《のこ》った。

うさまるとうさこにひとこと!

一《いち》か八《ばち》かの大勝負《おおしょうぶ》!
うさまるの運命《うんめい》やいかに。

一難《いちなん》去《さ》ってまた一難《いちなん》

【いみ】

次《つぎ》から次《つぎ》へと災難《さいなん》がおそってくること。

【つかいかた】

- 大雨《おおあめ》がやんだと思《おも》ったら、**一難《いちなん》去《さ》ってまた一難《いちなん》**、今度《こんど》は強風《きょうふう》がふいてきた。
- 算数《さんすう》のテストの後《あと》に、漢字《かんじ》のテストがあるなんて、**一難《いちなん》去《さ》ってまた一難《いちなん》**だよ。

くまさんにひとこと！

くまさんの頭《あたま》にタライが…、
油断《ゆだん》しないで！　まだ何《なに》か落《お》ちてくるかも。

一年《いちねん》の計《けい》は元旦《がんたん》にあり

【いみ】

何事《なにごと》も最初《さいしょ》が大事《だいじ》である。

【つかいかた】

- **一年《いちねん》の計《けい》は元旦《がんたん》にあり**なので、今年《ことし》は早寝《はやね》早起《はやお》きできるように決意《けつい》した。
- 今年《ことし》の目標《もくひょう》は一月一日《いちがつついたち》に決《き》めよう。**一年《いちねん》の計《けい》は元旦《がんたん》にあり**だから。

うさまるにひとこと!

うさまるは、一年《いちねん》のはじめに何《なに》を決意《けつい》したのかな?

一富士二鷹三茄子《いちふじにたかさんなすび》

【いみ】

初夢《はつゆめ》に見《み》ると縁起《えんぎ》がよいとされるもの。

【つかいかた】

- 今年《ことし》こそ、**一富士二鷹三茄子《いちふじにたかさんなすび》**の初夢《はつゆめ》が見《み》られますように。
- 初夢《はつゆめ》で**一富士二鷹三茄子《いちふじにたかさんなすび》**を見《み》たなんて、縁起《えんぎ》がいいね。

うさまるに
ひとこと！

はてさて、この初夢《はつゆめ》は
縁起《えんぎ》がいいのか、悪《わる》いのか？

一《いち》を聞《き》いて十《じゅう》を知《し》る

【いみ】

一部分《いちぶぶん》を聞《き》いただけで全体《ぜんたい》を理解《りかい》する。

【つかいかた】

- あの人《ひと》は説明《せつめい》を少《すこ》し聞《き》いただけで理解《りかい》できる、**一《いち》を聞《き》いて十《じゅう》を知《し》る**優秀《ゆうしゅう》な人《ひと》だ。
- **一《いち》を聞《き》いて十《じゅう》を知《し》る**ような、頭《あたま》の回転《かいてん》の速《はや》い人《ひと》になりたい。

うさこにひとこと!

推理《すいり》のとちゅうだけど、どうやらうさこは、つまみ食《ぐ》いの犯人《はんにん》がわかったみたい。

一巻《いっかん》の終《お》わり

【いみ】

ものごとすべてが終《お》わること。

【つかいかた】

・あの大波《おおなみ》に飲《の》みこまれたら、この船《ふね》は**一巻《いっかん》の終《お》わり**だ。

・試験直前《しけんちょくぜん》に体調《たいちょう》をくずしてしまい、努力《どりょく》もむなしく、**一巻《いっかん》の終《お》わり**となった。

うさまるに
ひとこと！

うさまる、体《からだ》にもどって！
魂《たましい》が出《で》ちゃったら、一巻《いっかん》の終《お》わりだよ。

一《いっ》糸《し》乱《みだ》れず

【いみ】

少《すこ》しも乱《みだ》れず、整然《せいぜん》としているようす。

【つかいかた】

・この大舞台《おおぶたい》で、**一《いっ》糸《し》乱《みだ》れぬ**演技《えんぎ》ができるのはさすがだ。

・**一《いっ》糸《し》乱《みだ》れぬ**動《うご》きで行進《こうしん》していく。

うさまるにひとこと!

一《いっ》糸《し》乱《みだ》れぬ行列《ぎょうれつ》を乱《みだ》すのは、だれだ??

一筋縄《ひとすじなわ》ではいかない

【いみ】

ふつうの方法《ほうほう》ではうまくいかない。

【つかいかた】

・あの人《ひと》はくせが強《つよ》くて、**一筋縄《ひとすじなわ》ではいかない**人《ひと》だ。

・この仕事《しごと》を成功《せいこう》させるのは、**一筋縄《ひとすじなわ》ではいかない**と思《おも》うよ。

うさまるにひとこと！

一《いっ》ぴきもとれない…。
この金魚《きんぎょ》たち、一筋縄《ひとすじなわ》ではいかない。

一《ひと》旗《はた》揚《あ》げる

【いみ】

新《あたら》しく事業《じぎょう》を始《はじ》める。

【つかいかた】

- 都会《とかい》で**一旗《ひとはた》揚《あ》げて**、ふるさとに帰《かえ》ってきた。
- 彼《かれ》は海外《かいがい》で**一旗《ひとはた》揚《あ》げる**ために、旅立《たびだ》っていった。

うさまるに
ひとこと!

うさまるが、宇宙《うちゅう》で
一旗《ひとはた》揚《あ》げたようです。

一花咲《ひとはなさ》かせる

【いみ】

一時的《いちじてき》に成功《せいこう》して、地位《ちい》や名声《めいせい》を得《え》る。

【つかいかた】

- お笑《わら》い芸人《げいにん》として、いつかきっと**一花咲《ひとはなさ》かせる**ぞ。
- 最後《さいご》にもう一度《いちど》、**一花咲《ひとはなさ》かせたい**。

うさまるにひとこと!

頭《あたま》の上《うえ》に一花咲《ひとはなさ》かせているよ。
幸《しあわ》せそうだね。

二階《にかい》から目薬《めぐすり》

【いみ】

思《おも》うようにいかず、もどかしいようす。

【つかいかた】

● 君《きみ》の気持《きも》ちを歌《うた》にしても、この歌詞《かし》では、**二階《にかい》から目薬《めぐすり》**で伝《つた》わらないよ。

うさこにひとこと!

うさまるの小《ちい》さい目《め》にさすのは
一階《いっかい》からでも難《むずか》しいね。

二足《にそく》のわらじを履《は》く

【いみ】

一人《ひとり》の人《ひと》が二《ふた》つの職業《しょくぎょう》をもつこと。

【つかいかた】

・彼女《かのじょ》は歌手《かしゅ》とモデルの**二足《にそく》のわらじを履《は》いて**活《かつ》やくしている。

・会社勤《かいしゃづと》めをしながら、マンガ家《か》としても活《かつ》動《どう》し、**二足《にそく》のわらじを履《は》く**生活《せいかつ》をしている。

うさまるに
ひとこと!

うさまるは、一足《いっそく》のくつしたで、
じゅうぶん活《かつ》やくしているよ。

二進《にっち》も三進《さっち》も

【いみ】

身動《みうご》きがとれないようす。

【つかいかた】

- 今日《きょう》が夏休《なつやす》み最終日《さいしゅうび》だというのに宿題《しゅくだい》が終《お》わらず、**二進《にっち》も三進《さっち》も**いかない。
- 借金《しゃっきん》が増《ふ》えてしまい、**二進《にっち》も三進《さっち》も**いかなくなった。

うさまるとうさこにひとこと!

うさまるが赤《あか》い糸《いと》にからまって、
二進《にっち》も三進《さっち》もいかなくなっている…。

二度《にど》あることは三度《さんど》ある

【いみ】

ものごとは繰《く》り返《かえ》し起《お》こるものである。

【つかいかた】

- **二度《にど》あることは三度《さんど》ある**というから、また転《ころ》ばないように気《き》をつけてね。
- また宝《たから》くじに当《あ》たった！　**二度《にど》あることは三度《さんど》ある**って本当《ほんとう》だったんだ。

うさまるとうさこにひとこと！

あっ、ごめん。また吸《す》っちゃった。
二《に》度《ど》あることは三《さん》度《ど》あるんだね。

二《に》の足《あし》を踏《ふ》む

【いみ】

決心《けっしん》がつかない。しりごみする。

【つかいかた】

● 新《あたら》しい髪型《かみがた》に挑戦《ちょうせん》したいが、**二《に》の足《あし》を踏《ふ》んで**しまう。

● **二《に》の足《あし》を踏《ふ》んで**いると、ライバルに先《さき》をこされてしまうぞ。

うさまるとうさことくまさんにひとこと!

ほらほら、二《に》の足《あし》を踏《ふ》んでいると、限定《げんてい》のアイスが売《う》り切《き》れちゃうよ。

二《に》の舞《まい》を演《えん》ずる

【いみ】

前《まえ》の人《ひと》と同《おな》じ失敗《しっぱい》をくり返《かえ》す。

【つかいかた】

・先《せん》ぱいの**二《に》の舞《まい》を演《えん》じて**、今年《ことし》も優勝《ゆうしょう》をのがすわけにはいかない。

・勉強不足《べんきょうぶそく》だった前回《ぜんかい》のテストの**二《に》の舞《まい》を演《えん》ずる**わけにはいかない。

うさこにひとこと！

うさまるに続《つづ》いて、うさこさんもころばないことを祈《いの》るばかりです。

石《いし》の上《うえ》にも三年《さんねん》

【いみ】
どんなにつらくても、我《が》まんして努力《どりょく》すれば、いつか必《かなら》ず報《むく》われるということ。

【つかいかた】
・**石《いし》の上《うえ》にも三年《さんねん》**。自分《じぶん》を信《しん》じてがんばりました。
・**石《いし》の上《うえ》にも三年《さんねん》**、やっと全国大会《ぜんこくたいかい》に出場《しゅつじょう》できた。

うさまるにひとこと!

ざぶとんの上《うえ》にも3分《ぷん》くらいなら耐《た》えられるよね。

三人寄《さんにんよ》れば文殊《もんじゅ》の知恵《ちえ》

【いみ】

一人《ひとり》では難《むずか》しくても、三人集《さんにんあつ》まって考《かんが》えれば、すぐれた考《かんが》えが出《で》てくるということ。

【つかいかた】

- 困《こま》ったときは**三人寄《さんにんよ》れば文殊《もんじゅ》の知恵《ちえ》**で、解決策《かいけつさく》が見《み》つかった。
- 一人《ひとり》ではできなかったけれど、**三人寄《さんにんよ》れば文殊《もんじゅ》の知恵《ちえ》**で成功《せいこう》することができた。

うさこにひとこと！

ひよこたちが集《あつ》まって、
動画《どうが》を投《とう》こうしているよ。バズるかな？

早起《はやお》きは三文《さんもん》の徳《とく》

【いみ】

朝早《あさはや》く起《お》きると、健康《けんこう》によいだけではなく、他《ほか》にも何《なに》かよいことがあるということ。

【つかいかた】

・朝《あさ》から運動《うんどう》して体《からだ》の調子《ちょうし》がいいぞ、まさに**早起《はやお》きは三文《さんもん》の徳《とく》**だな。

・**早起《はやお》きは三文《さんもん》の徳《とく》**っていうから、いつまでも寝《ね》ていたら損《そん》だよ。

うさまるにひとこと!

朝《あさ》からうさまるに会《あ》えるなんて、今日《きょう》は一日《いちにち》ついているな!

仏《ほとけ》の顔《かお》も三《さん》度《ど》

【いみ】

どんなにおだやかな人《ひと》でも、何度《なんど》もひどいことをされたらおこる。

【つかいかた】

・何回言《なんかいい》えばわかるの？　**仏《ほとけ》の顔《かお》も三度《さんど》**だよ。

・いつもはやさしい先生《せんせい》が、ついに「**仏《ほとけ》の顔《かお》も三度《さんど》**だ」と言《い》っておこりだした。

ちびちび
うさまるに
ひとこと！

こらー！　ちびちびでも、がまんの限界《げんかい》。
仏《ほとけ》の顔《かお》も三《さん》度《ど》まで！

三《み》つ子《ご》の魂《たましい》百《ひゃく》まで

【いみ】

幼《おさな》いときの性格《せいかく》は一生《いっしょう》変《か》わらないということ。

【つかいかた】

- **三《み》つ子《ご》の魂《たましい》百《ひゃく》まで**というから、妹《いもうと》の素直《すなお》さもずっと続《つづ》くね。
- 忘《わす》れものがなくならないのは、**三《み》つ子《ご》の魂《たましい》百《ひゃく》まで**だから仕方《しかた》ないね。

ちびちびうさまるにひとこと!

ちょっとだけおく病《びょう》なところも変《か》わらないね。

なくて七癖《ななくせ》

【いみ】

だれにでも癖《くせ》があるのだということ。

【つかいかた】

- 人《ひと》はだれも**なくて七癖《ななくせ》**で、よく観察《かんさつ》してみるとどこかに癖《くせ》があるものだ。
- **なくて七癖《ななくせ》**というけれど、私《わたし》にはもっとたくさんの癖《くせ》がある。

うさまるにひとこと!

うさまる、おしりがフリフリしているよ。

七転《ななころ》び八起《やお》き

【いみ】

何回失敗《なんかいしっぱい》しても、くじけずに立《た》ち上《あ》がってがんばること。

【つかいかた】

●人生《じんせい》は**七転《ななころ》び八起《やお》き**。くじけずにがんばれ！

●**七転《ななころ》び八起《やお》き**の精神《せいしん》で、何事《なにごと》にも挑戦《ちょうせん》していくぞ。

うさまるにひとこと！

うさまるは何回転《なんかいころ》んだでしょうか？
答《こた》えは…、聞《き》かないであげてください。

当《あ》たるも八卦《はっけ》当《あ》たらぬも八卦《はっけ》

【いみ】

うらないの結果《けっか》は気《き》にするなということ。

【つかいかた】

● おみくじが大凶《だいきょう》だったからといって、**当《あ》たるも八卦《はっけ》当《あ》たらぬも八卦《はっけ》**だから、心配《しんぱい》することはない。

うさまるにひとこと!

いいことだけを信《しん》じて、
悪《わる》いことは気《き》にしないのが一番《いちばん》だよ。

九《きゅう》死《し》に一《いっ》生《しょう》を得《え》る

【いみ】

死《し》にそうなところをかろうじて助《たす》かる。

【つかいかた】

- ふぶきの雪山《ゆきやま》でそうなんしかかったが、無《ぶ》事《じ》に下山《げざん》できて、**九死《きゅうし》に一生《いっしょう》を得《え》た**よ。
- 名医《めいい》との出会《であ》いによって、手術《しゅじゅつ》は成功《せいこう》し、私《わたし》は**九死《きゅうし》に一生《いっしょう》を得《え》る**ことができた。

うさまるにひとこと!

危《あぶ》ない！　サメに食《た》べられちゃう…。
えっ、遊《あそ》んでいるだけ!?

人《ひと》のうわさも七十五日《しちじゅうごにち》

【いみ】

世間《せけん》のうわさはそれほど長《なが》く続《つづ》くものではなく、しばらくすれば忘《わす》れられるということ。

【つかいかた】

- **人《ひと》のうわさも七十五日《しちじゅうごにち》**だから、気《き》にしないほうがいい。
- あれほど新聞《しんぶん》をにぎわせた事件《じけん》も、**人《ひと》のうわさも七十五日《しちじゅうごにち》**で、忘《わす》れられたようだ。

うさまるとくまさんにひとこと!

76日目《にちめ》。
……で、何《なん》の話《はなし》だっけ?

数《かず》のことわざ・慣用句《かんようく》

一事《いちじ》が万事《ばんじ》
一《ひと》つのことから、すべてが想像《そうぞう》できる。

一目置《いちもくお》く
相手《あいて》が優《すぐ》れていることを認《みと》め、一歩《いっぽ》ゆずる。

一《いち》も二《に》もなく
文句《もんく》などいっさいなく。

一国一城《いっこくいちじょう》の主《あるじ》
他《ほか》から助《たす》けや指図《さしず》を受《う》けず、独立《どくりつ》した地位《ちい》にある者《もの》。

一肌脱《ひとはだぬ》ぐ
他人《たにん》のために、本気《ほんき》になって力《ちから》を貸《か》す。

天《てん》は二物《にぶつ》を与《あた》えず
多《おお》くの才能《さいのう》や長所《ちょうしょ》を備《そな》えている人《ひと》はいない。

二番煎《にばんせん》じ
前《まえ》にあったことの繰《く》り返《かえ》しで、新《あたら》しくないもの。

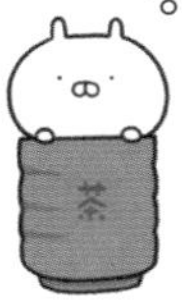

二枚舌《にまいじた》を使《つか》う
うそをつく。

二《に》の句《く》が継《つ》げない
あきれて次《つぎ》の言葉《ことば》が出《で》てこない。

犬《いぬ》は三日《みっか》飼《か》えば三年恩《さんねんおん》を忘《わす》れぬ
人間《にんげん》はなおさら恩《おん》を忘《わす》れてはいけない。

三拍子《さんびょうし》そろう
必要《ひつよう》な三《みっ》つの条件《じょうけん》がすべてそろっている。

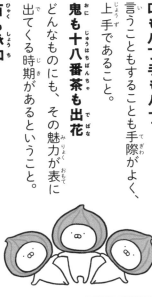

口《くち》も八丁《はっちょう》手《て》も八丁《はっちょう》
言《い》うこともすることも手際《てぎわ》がよく、上手《じょうず》であること。

鬼《おに》も十八番茶《じゅうはちばんちゃ》も出花《でばな》
どんなものにも、その魅力《みりょく》が表《おもて》に出《で》てくる時期《じき》があるということ。

百《ひゃく》も承知《しょうち》
十分《じゅうぶん》に知《し》っていること。

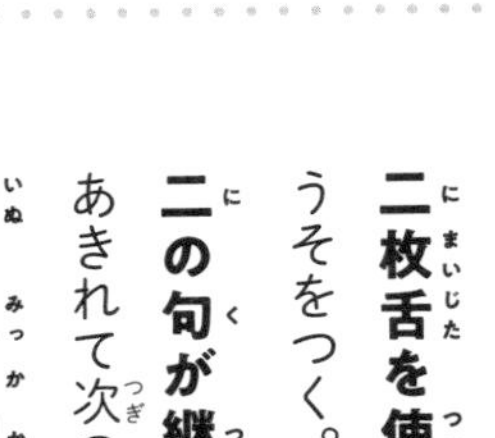

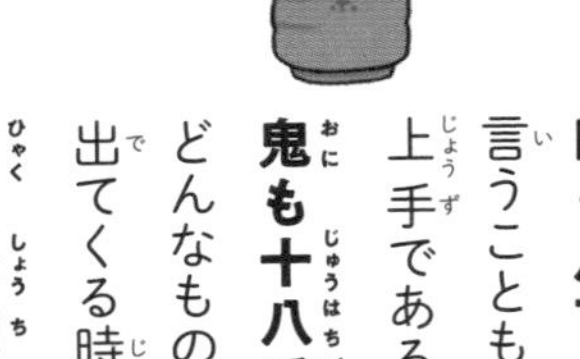

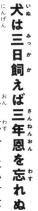

5

章

その他《ほか》の ことわざ・慣用句《かんようく》

悪事千里《あくじせんり》を走《はし》る

【いみ】

悪《わる》い行《おこな》いやうわさは、すぐに広《ひろ》まるということ。

【つかいかた】

- **悪事千里《あくじせんり》を走《はし》る**というが、今日先生《きょうせんせい》に怒《おこ》られたことを、もう母《はは》は知《し》っていた。

うさまるにひとこと！

悪《わる》いことはできないものだね。
気《き》をつけよう。

案《あん》ずるより産《う》むがやすし

【いみ】

あれこれ心配《しんぱい》していても、やってみると意外《いがい》にたやすいものだ。

【つかいかた】

- **案《あん》ずるより産《う》むがやすし**で、テストの結果《けっか》は悪《わる》くなかった。
- **案《あん》ずるより産《う》むがやすし**というから、まずは挑戦《ちょうせん》してみよう。

うさまるにひとこと!

心配《しんぱい》しなくてもやってみれば?
きっとうまくいくよ。

色《いろ》を失《うしな》う

【いみ】

おどろきやおそろしさで、顔色《かおいろ》が青《あお》ざめる。

【つかいかた】

- 風《かぜ》でつり橋《ばし》が大《おお》きくゆれたので、**色《いろ》を失《うしな》って**しまった。
- ゆうれい屋《や》しきで、**色《いろ》を失《うしな》う**ようなおそろしいおばけに出会《であ》った。

うさまるにひとこと!

おそろしい目《め》にあったら、深呼吸《しんこきゅう》して気持《きも》ちを落《お》ち着《つ》けて。

色《いろ》をなす

【いみ】

おこって顔色《かおいろ》を変《か》える。

【つかいかた】

● 宿題《しゅくだい》をやっていないことを知《し》って、母《はは》は**色《いろ》をなして**おこった。

● 約束《やくそく》を破《やぶ》られたからといって、**色《いろ》をなす**ほどのことではない。

うさまるにひとこと!

あんまりおこらないで。
かわいい顔《かお》がだいなしだよ。

かわいい子《こ》には旅《たび》をさせよ

【いみ】

子《こ》どもがかわいいなら、いろいろな苦労《くろう》や経験《けいけん》をさせたほうがよい。

【つかいかた】

● **かわいい子《こ》には旅《たび》をさせよ**ということで、母《はは》は私《わたし》を厳《きび》しいと評判《ひょうばん》の体《たい》そう教室《きょうしつ》に通《かよ》わせている。

うさまるに
ひとこと!

うさまるはどこに行《い》きたいのかな?
いろんな経験《けいけん》ができるといいね。

黄色《きいろ》い声《こえ》

【いみ】

子《こ》どもや女性《じょせい》のかん高《だか》い声《こえ》。

【つかいかた】

- アイドルのコンサートで、ファンの女《おんな》の子《こ》たちの**黄色《きいろ》い声《こえ》**がとんだ。
- 保育園《ほいくえん》の子《こ》どもたちが、**黄色《きいろ》い声《こえ》**を上《あ》げて遊《あそ》んでいる。

うさこにひとこと!

うさこの黄色《きいろ》い声《こえ》がうさまるに届《とど》いているかな。

脚光《きゃっこう》を浴《あ》びる

【いみ】

世間《せけん》から注目《ちゅうもく》を集《あつ》める。

【つかいかた】

- 兄《あに》は小説家《しょうせつか》として、**脚光《きゃっこう》を浴《あ》びた**。
- 彼《かれ》はこの試合《しあい》でいくつもゴールを決《き》め、**脚光《きゃっこう》を浴《あ》びる**ような活《かつ》やくをした。

うさまるにひとこと!

みんなに注目《ちゅうもく》されると、
がぜん元気《げんき》が出《で》るよね。

清水《きよみず》の舞台《ぶたい》から飛《と》び降《お》りる

【いみ】

かたく心《こころ》に決《き》めて、思《おも》い切《き》ってやってみる。「清水《きよみず》」は京都《きょうと》にある清水寺《きよみずでら》のこと。

【つかいかた】

・**清水《きよみず》の舞台《ぶたい》から飛《と》び降《お》りる**つもりで、新《あたら》しいチャレンジを始《はじ》めよう。

・父《ちち》は、**清水《きよみず》の舞台《ぶたい》から飛《と》び降《お》りる**つもりで、マンションを買《か》った。

うさまるにひとこと!

清水《きよみず》の舞台《ぶたい》から飛《と》び降《お》りるつもりのときは、前向《まえむ》きにね。

きら星《ほし》のごとく

【いみ】

夜空《よぞら》の星《ほし》のように、有名《ゆうめい》な人《ひと》や立派《りっぱ》な人《ひと》がたくさん集《あつ》まっていること。

【つかいかた】

- 私《わたし》の町《まち》のプロバスケットボールチームには、スーパースターが**きら星《ほし》のごとく**集《あつ》まっている。

うさまるにひとこと!

うさまるだけいても、
きら星《ほし》のごとくとはいかないね。

子《こ》はかすがい

【いみ】

子《こ》どもは夫婦《ふうふ》の仲《なか》をつなぐかすがい（くぎ）のような存在《そんざい》。

【つかいかた】

・**子《こ》はかすがい**というが、赤《あか》ちゃんが生《う》まれてから姉夫婦《あねふうふ》の仲《なか》はさらによくなった。

ちびちび
うさまるに
ひとこと!

そのかわいい姿《すがた》でみんな笑顔《えがお》に♡

転《ころ》ばぬ先《さき》のつえ

【いみ】

失敗《しっぱい》しないように、前《まえ》もってしっかり準備《じゅんび》をしておくのが大切《たいせつ》だということ。

【つかいかた】

● 山《やま》の天気《てんき》は変《か》わりやすい。**転《ころ》ばぬ先《さき》のつえ**で、雨具《あまぐ》を持《も》っていこう。

うさまるにひとこと!

あぶない！　転《ころ》ばないでね。
今《いま》、つえを持《も》っていってあげるよ。

先《さき》んずれば人《ひと》を制《せい》す

【いみ】
人《ひと》よりも先《さき》に行《おこな》うことで、有利《ゆうり》な立場《たちば》に立《た》つことができる。

【つかいかた】
・一週間後《いっしゅうかんご》に漢字《かんじ》テストがある。**先《さき》んずれば人《ひと》を制《せい》す**で、今《いま》から勉強《べんきょう》しよう。
・母《はは》はスーパーの特売《とくばい》の日《ひ》に**先《さき》んずれば人《ひと》を制《せい》す**と言《い》って、朝早《あさはや》くから出《で》かけた。

うさまるにひとこと！

そんなに急《いそ》いで、いったい何《なに》をしようとしているのかな。

砂《さ》上《じょう》の楼閣《ろうかく》

【いみ】

基本《きほん》がしっかりしていないので、くずれやすかったり、長続《ながつづ》きしなかったりする。

【つかいかた】

・**砂《さ》上《じょう》の楼閣《ろうかく》**にならないよう、しっかり基本《きほん》的《てき》な練習《れんしゅう》をしよう。

・プロサッカー選手《せんしゅ》になるという兄《あに》の夢《ゆめ》は、**砂《さ》上《じょう》の楼閣《ろうかく》**だ。

うさこにひとこと!

砂《さ》上《じょう》の楼閣《ろうかく》にならないよう足《あし》もとに気《き》をつけて!

朱《しゅ》に交《まじ》われば赤《あか》くなる

【いみ】

つき合《あ》う相手《あいて》によって、よくも悪《わる》くもなる。

【つかいかた】

- **朱《しゅ》に交《まじ》われば赤《あか》くなる**というから、友達選《ともだちえら》びは大切《たいせつ》だと言《い》われた。
- 音楽好《おんがくず》きの友人《ゆうじん》ができた姉《あね》は、**朱《しゅ》に交《まじ》われば赤《あか》くなる**で、ギターを始《はじ》めた。

うさまるにひとこと！

フラミンゴと友達《ともだち》になってもさすがに赤《あか》くはならないね。

白《しら》羽《は》の矢《や》が立《た》つ

【いみ】

多《おお》くの人《ひと》の中《なか》から特《とく》に選《えら》び出《だ》される。

【つかいかた】

・学級《がっきゅう》委員《いいん》は、木下《きのした》さんに**白《しら》羽《は》の矢《や》が立《た》った**。

うさまるにひとこと!

アイドルナンバーワンとして
うさまるに白《しら》羽《は》の矢《や》が立《た》った?

太鼓判《たいこばん》を押《お》す

［いみ］

絶対《ぜったい》にまちがいないと保証《ほしょう》する。

［つかいかた］

- 弟《おとうと》は、先生《せんせい》から元気者《げんきもの》の**太鼓判《たいこばん》を押《お》されて**いる。
- 木村《きむら》さんの習字《しゅうじ》の腕前《うでまえ》には**太鼓判《たいこばん》を押《お》す**よ。

うさまるにひとこと！

うさまるのかわいさには太鼓判《たいこばん》を押《お》してもいいね。

他人《たにん》の空似《そらに》

【いみ】

家族《かぞく》や親《しん》せきでもないのに、よく似《に》ていること。

【つかいかた】

- 駅《えき》で先生《せんせい》を見《み》かけたと思《おも》ったら、**他人《たにん》の空《そら》似《に》**だった。

うさまるにひとこと!

似《に》ている人《ひと》に声《こえ》をかけて人違《ひとちが》いだったときは、ちょっとはずかしいね。

てこでも動《うご》かない

【いみ】

どのようにしてもその場《ば》から動《うご》かない。決心《けっしん》を変《か》えない。

【つかいかた】

- アイドルになりたいという気持《きも》ちは**てこでも動《うご》かない**。
- 弟《おとうと》は、ケーキを買《か》ってもらうまで、店《みせ》の前《まえ》で**てこでも動《うご》かなかった**。

うさまるとうさこにひとこと！

寒《さむ》い日《ひ》には、おふとんの中《なか》からてこでも動《うご》きたくないよね。

時《とき》は金《かね》なり

【いみ】
時間《じかん》はお金《かね》のように大切《たいせつ》だから、むだにしてはいけない。

【つかいかた】
・さっそく計画《けいかく》を進《すす》めよう。**時《とき》は金《かね》なり**だ。
・**時《とき》は金《かね》なり**というから、ごろごろしていないで、早起《はやお》きして勉強《べんきょう》しよう。

うさまるにひとこと!

時《とき》は金《かね》なりだけど、たまには
のんびりするのもいいよね。

逃《に》げるが勝《か》ち

【いみ】

むだな争《あらそ》いをするよりも、逃《に》げて勝《か》ちをゆずるほうが、結局《けっきょく》は得《とく》をする。

【つかいかた】

・公園《こうえん》にこわそうな犬《いぬ》が散歩《さんぽ》に来《き》たので、**逃《に》げるが勝《か》ち**とばかりに立《た》ち去《さ》った。

・**逃《に》げるが勝《か》ち**といっても、逃《に》げてばかりでは何《なん》にもならない。

うさまるにひとこと!

逃《に》げ足《あし》の速《はや》さでは、
だれにも負《ま》けないね。

白紙《はくし》に戻《もど》す

［いみ］

何《なに》もなかった元《もと》の状態《じょうたい》に戻《もど》す。

［つかいかた］

- 夏休《なつやす》みの旅行《りょこう》を**白紙《はくし》に戻《もど》した**。
- 計画《けいかく》を**白紙《はくし》に戻《もど》す**前《まえ》に、もう一度《いちど》考《かんが》えてみよう。

うさまるにひとこと!

気分《きぶん》も白紙《はくし》に戻《もど》したら
さっぱり気持《きも》ちいいね。

旗《はた》色《いろ》が悪《わる》い

【いみ】

勝負《しょうぶ》ごとの形勢《けいせい》がよくない。

【つかいかた】

- 弟《おとうと》とけんかになったが、自分《じぶん》のほうが**旗《はた》色《いろ》が悪《わる》い**。
- 兄《あに》のチームの**旗《はた》色《いろ》が悪《わる》かった**ので、けんめいに応《おう》えんした。

うさこにひとこと！

旗《はた》色《いろ》が悪《わる》いからといって
あきらめずにがんばろう。

待《ま》てば海路《かいろ》の日和《ひより》あり

【いみ】

しんぼうして待《ま》っていれば、いつかチャンスや幸運《こううん》がめぐってくる。

【つかいかた】

- 一度《いちど》失敗《しっぱい》したからといってあきらめない。**待《ま》てば海路《かいろ》の日和《ひより》あり**だ。
- 試合《しあい》の形勢《けいせい》は不利《ふり》だけど、**待《ま》てば海路《かいろ》の日和《ひより》あり**というから、じっくり逆転《ぎゃくてん》のチャンスを待《ま》とう。

うさまるにひとこと!

あまり待《ま》ちすぎても
チャンスを逃《のが》してしまうかも?

右《みぎ》も左《ひだり》もわからない

【いみ】

①その土地《とち》の地理《ちり》がわからない。
②ある分野《ぶんや》について知識《ちしき》がない。

【つかいかた】

・①引《ひ》っ越《こ》してきたばかりなので、**右《みぎ》も左《ひだり》もわからない**。
・②パソコンのことは**右《みぎ》も左《ひだり》もわからない**ので、教《おし》えてください。

うさまるとうさこにひとこと！

わからないことがあったら、遠《えん》りょなくだれかに聞《き》こうね。

元《もと》の木《もく》阿《あ》弥《み》

【いみ】

一度《いちど》よくなったものが、元《もと》の状態《じょうたい》に戻《もど》る。

【つかいかた】

● せっかくグラウンドの整備《せいび》をしたのに、また雨《あめ》が降《ふ》ってきて**元《もと》の木《もく》阿《あ》弥《み》**だ。

うさまるにひとこと!

せっかくつくったのに、
今日《きょう》はごきげんななめなの?

門前《もんぜん》の小僧《こぞう》習《なら》わぬ経《きょう》を読《よ》む

【いみ】

いつも見聞《みき》きしているものは、自然《しぜん》と覚《おぼ》えてしまう。

【つかいかた】

● **門前《もんぜん》の小僧習《こぞうなら》わぬ経《きょう》を読《よ》む**で、幼《おさな》い弟《おとうと》に毎《まい》晩《ばん》絵本《えほん》を読《よ》んであげていたら、いつの間《ま》にかひらがなを覚《おぼ》えていた。

ちびちびうさまるにひとこと!

習《なら》ってもいないのにできるなんて
本当《ほんとう》にすごいね。

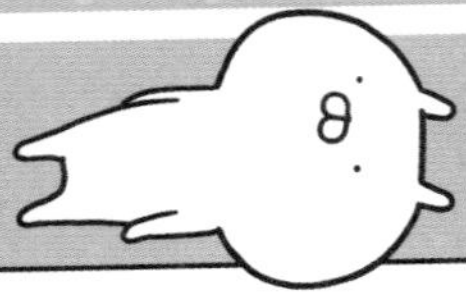

その他《ほか》のことわざ・慣用句《かんようく》

青筋《あおすじ》を立《た》てる
かんかんになっておこる。

赤《あか》の他人《たにん》
まったく縁《えん》も関係《かんけい》もない人《ひと》。

色《いろ》を付《つ》ける
値引《ねび》きしたり、おまけをつけたりする。

うだつが上《あ》がらない
なかなか出世《しゅっせ》できない。
経済的《けいざいてき》に豊《ゆた》かにならない。

金《かね》は天下《てんか》の回《まわ》りもの
お金《かね》は一人《ひとり》のところにとどまらない。

金時《きんとき》の火事見舞《かじみま》い
酒《さけ》によって、顔《かお》が真《ま》っ赤《か》になること。

黒白《こくびゃく》を争《あらそ》う
どちらが正《ただ》しいかはっきりさせる。

白《しら》を切《き》る
知《し》っているのに知《し》らないふりをする。

住《す》めば都《みやこ》
慣《な》れれば、どんな場所《ばしょ》でも楽《たの》しくくらせる。

赤貧洗《せきひんあら》うがごとし
とても貧《まず》しくて、何《なに》も持《も》っていないようす。

取《と》り付《つ》く島《しま》もない
たよりにしても、相手《あいて》にしてくれない。

日光《にっこう》を見《み》ずして結構《けっこう》と言《い》うな
日光東照宮《にっこうとうしょうぐう》のすばらしさをたたえた言葉《ことば》。

弁慶《べんけい》の立《た》ち往生《おうじょう》
途中《とちゅう》で行《い》きづまって、どうすることもできない。

洋《よう》の東西《とうざい》を問《と》わず
世界中《せかいじゅう》どこでも。

索引《さくいん》

あ

相《あい》づちを打《う》つ …… 12
青筋《あおすじ》を立《た》てる …… 150
青菜《あおな》に塩《しお》 …… 13
赤《あか》の他人《たにん》 …… 150
悪事千里《あくじせんり》を走《はし》る …… 124
朝飯前《あさめしまえ》 …… 14
足《あし》が地《ち》につかない …… 68
足《あし》が棒《ぼう》になる …… 69
明日《あした》は明日《あした》の風《かぜ》がふく …… 40
味《あじ》をしめる …… 38
汗水《あせみず》たらす …… 15
頭《あたま》が上《あ》がらない …… 70
頭隠《あたまかく》して尻隠《しりかく》さず …… 71
当《あ》たるも八卦《はっけ》当《あ》たらぬも八卦《はっけ》 …… 119
穴《あな》があったら入《はい》りたい …… 16
油《あぶら》を売《う》る …… 17
甘《あま》い汁《しる》を吸《す》う …… 18
雨降《あめふ》って地固《じかた》まる …… 66
泡《あわ》を食《く》う …… 19
案《あん》ずるより産《う》むがやすし …… 125
息《いき》を呑《の》む …… 94
石《いし》の上《うえ》にも三年《さんねん》 …… 112
医者《いしゃ》の不養生《ふようじょう》 …… 20
急《いそ》がば回《まわ》れ …… 21
一《いち》か八《ばち》か …… 96
一事《いちじ》が万事《ばんじ》 …… 122

一難《いちなん》去《さ》ってまた一難《いちなん》 …… 97
一年《いちねん》の計《けい》は元旦《がんたん》にあり …… 98
一富士《いちふじ》二鷹《にたか》三茄子《さんなすび》 …… 99
一目《いちもく》置《お》く …… 122
一《いち》も二《に》もなく …… 122
一《いち》を聞《き》いて十《じゅう》を知《し》る …… 100
一巻《いっかん》の終《お》わり …… 101
一国一城《いっこくいちじょう》の主《あるじ》 …… 122
一糸《いっし》乱《みだ》れず …… 102
犬《いぬ》は三日《みっか》飼《か》えば三年《さんねん》恩《おん》を忘《わす》れぬ …… 122
犬《いぬ》も歩《ある》けばぼうに当《あ》たる …… 41
色《いろ》を失《うしな》う …… 126
色《いろ》を付《つ》ける …… 150
色《いろ》をなす …… 127
牛《うし》の歩《あゆ》み …… 42
後《うし》ろ髪《がみ》を引《ひ》かれる …… 94
後《うし》ろ指《ゆび》を指《さ》される …… 72
うだつが上《あ》がらない …… 150
腕《うで》を振《ふ》るう …… 73
馬《うま》が合《あ》う …… 43
馬《うま》の耳《みみ》に念仏《ねんぶつ》 …… 66
絵《え》に描《か》いたもち …… 22
えびでたいをつる …… 44
えりを正《ただ》す …… 38
縁《えん》の下《した》の力持《ちからも》ち …… 23
お茶《ちゃ》をにごす …… 24
鬼《おに》に金《かな》ぼう …… 45
鬼《おに》も十八番茶《じゅうはちばんちゃ》も出花《でばな》 …… 122
お鉢《はち》が回《まわ》る …… 38
帯《おび》に短《みじか》したすきに長《なが》し …… 38

か

顔《かお》から火《ひ》が出《で》る …… 74
顔《かお》に泥《どろ》をぬる …… 75

風上《かざかみ》に置《お》けない……66
肩《かた》の荷《に》が下《お》りる……94
かっぱに水練《すいれん》……46
かっぱの川流《かわなが》れ……47
金《かね》は天下《てんか》の回《まわ》りもの……150
壁《かべ》に耳《みみ》あり障子《しょうじ》に目《め》あり……76
果報《かほう》は寝《ね》て待《ま》て……25
かもがねぎをしょって来《く》る……48
かゆいところに手《て》が届《とど》く……94
かれ木《き》も山《やま》のにぎわい……49
かわいい子《こ》には旅《たび》をさせよ……128
黄色《きいろ》い声《こえ》……129
きじも鳴《な》かずば打《う》たれまい……50
机上《きじょう》の空論《くうろん》……38
肝《きも》を冷《ひ》やす……77
脚光《きゃっこう》を浴《あ》びる……130
九死《きゅうし》に一生《いっしょう》を得《え》る……120
清水《きよみず》の舞台《ぶたい》から飛《と》び降《お》りる……131
きら星《ほし》のごとく……132
金時《きんとき》の火事見舞《かじみま》い……150
口《くち》が軽《かる》い……78
口《くち》も八丁《はっちょう》手《て》も八丁《はっちょう》……122
首《くび》が回《まわ》らない……79
げたを預《あず》ける……38
犬猿《けんえん》の仲《なか》……66
黒白《こくびゃく》を争《あらそ》う……150
心《こころ》を鬼《おに》にする……80
心《こころ》を砕《くだ》く……94
子《こ》はかすがい……133
転《ころ》ばぬ先《さき》のつえ……134

さ

先《さき》んずれば人《ひと》を制《せい》す……135
砂上《さじょう》の楼閣《ろうかく》……136

猿《さる》も木《き》から落《お》ちる …… 66
三人寄《さんにんよ》れば文殊《もんじゅ》の知恵《ちえ》 …… 113
三拍子《さんびょうし》そろう …… 122
蛇《じゃ》の道《みち》は蛇《へび》 …… 66
朱《しゅ》に交《まじ》われば赤《あか》くなる …… 137
白羽《しらは》の矢《や》が立《た》つ …… 138
白《しら》を切《き》る …… 150
住《す》めば都《みやこ》 …… 150
赤貧洗《せきひんあら》うがごとし …… 150
船頭多《せんどうおお》くして船山《ふねやま》に登《のぼ》る …… 66

た

太鼓判《たいこばん》を押《お》す …… 139
立《た》つ鳥《とり》あとをにごさず …… 51
たで食《く》う虫《むし》も好《す》き好《ず》き …… 66
棚《たな》に上《あ》げる …… 38
他人《たにん》の空似《そらに》 …… 140
たぬき寝入《ねい》り …… 52
たもとを分《わ》かつ …… 38
ちりも積《つ》もれば山《やま》となる …… 53
月《つき》とすっぽん …… 54
てこでも動《うご》かない …… 141
手《て》も足《あし》も出《で》ない …… 81
出《で》るくいは打《う》たれる …… 26
手《て》を打《う》つ …… 82
天狗《てんぐ》になる …… 66
天《てん》は二物《にぶつ》を与《あた》えず …… 122
豆腐《とうふ》にかすがい …… 38
時《とき》は金《かね》なり …… 142
毒《どく》を食《く》らわば皿《さら》まで …… 38
取《と》らぬたぬきの皮算用《かわざんよう》 …… 57
虎《とら》の威《い》をかるきつね …… 55
虎《とら》の尾《お》をふむ …… 56
虎《とら》の子《こ》 …… 66

取《と》り付《つ》く島《しま》もない……150
どんぐりの背比《せいくら》べ……58
飛《と》んで火《ひ》にいる夏《なつ》の虫《むし》……59
とんびに油揚《あぶらあ》げをさらわれる……66

な

ない袖《そで》はふれない……27
泣《な》きっ面《つら》にはち……60
なくて七癖《ななくせ》……117
情《なさ》けは人《ひと》のためならず……28
七転《ななころ》び八起《やお》き……118
二階《にかい》から目薬《めぐすり》……106
にがした魚《さかな》は大《おお》きい……61
逃《に》げるが勝《か》ち……143
二足《にそく》のわらじを履《は》く……107
日光《にっこう》を見《み》ずして結構《けっこう》と言《い》うな……150
二進《にっち》も三進《さっち》も……108
煮《に》ても焼《や》いても食《く》えない……38
二度《にど》あることは三度《さんど》ある……109
二《に》の足《あし》を踏《ふ》む……110
二《に》の句《く》が継《つ》げない……122
二《に》の舞《まい》を演《えん》ずる……111
二番煎《にばんせん》じ……122
二枚舌《にまいじた》を使《つか》う……122
ねこの手《て》も借《か》りたい……62
寝耳《ねみみ》に水《みず》……83
能《のう》あるたかはつめをかくす……63
喉《のど》から手《て》が出《で》る……94
喉元過《のどもとす》ぎれば熱《あつ》さを忘《わす》れる……84

は

白紙《はくし》に戻《もど》す……144
旗色《はたいろ》が悪《わる》い……145
鼻息《はないき》が荒《あら》い……85

鼻《はな》が高《たか》い……86
花《はな》よりだんご……29
鼻《はな》を明《あ》かす……94
早起《はやお》きは三文《さんもん》の徳《とく》……114
腹《はら》が減《へ》っては戦《いくさ》ができぬ……87
腹《はら》の虫《むし》が治《おさ》まらない……94
額《ひたい》を集《あつ》める……94
一筋縄《ひとすじなわ》ではいかない……103
人《ひと》のうわさも七十五日《しちじゅうごにち》……121
人《ひと》の口《くち》には戸《と》が立《た》てられない……94
一旗揚《ひとはたあ》げる……104
一肌脱《ひとはだぬ》ぐ……122
一花咲《ひとはなさ》かせる……105
百《ひゃく》も承知《しょうち》……122
ひょうたんから駒《こま》が出《で》る……66
風雲急《ふううんきゅう》を告《つ》げる……66
武士《ぶし》は食《く》わねど高《たか》ようじ……30
ふたを開《あ》ける……31
筆《ふで》が立《た》つ……32
腑《ふ》に落《お》ちない……94
冬来《ふゆき》たりなば春遠《はるとお》からじ……64
弁慶《べんけい》の立《た》ち往生《おうじょう》……150
仏《ほとけ》の顔《かお》も三度《さんど》……115
骨《ほね》が折《お》れる……94

ま

待《ま》てば海路《かいろ》の日和《ひより》あり……146
まな板《いた》のこい……65
右《みぎ》も左《ひだり》もわからない……147
みそをつける……33
三《み》つ子《ご》の魂百《たましいひゃく》まで……116
耳《みみ》にたこができる……88
耳《みみ》をかたむける……89
耳《みみ》をそろえる……94

身《み》もふたもない……38
目頭《めがしら》が熱《あつ》くなる……90
眼鏡《めがね》にかなう……38
目《め》が回《まわ》る……91
目《め》くじらを立《た》てる……94
目《め》は口《くち》ほどにものを言《い》う……92
目《め》を光《ひか》らす……93
もちはもち屋《や》……34
元《もと》の木阿弥《もくあみ》……148
門前《もんぜん》の小僧《こぞう》習《なら》わぬ経《きょう》を読《よ》む……149

や

安物《やすもの》買《か》いの銭《ぜに》失《うしな》い……35
やぶから棒《ぼう》……66
洋《よう》の東西《とうざい》を問《と》わず……150

わ

綿《わた》のように疲《つか》れる……36
笑《わら》う門《かど》には福《ふく》来《きた》る……37
輪《わ》をかける……38

おわりに

この本《ほん》では、200語《ご》の「ことわざ・慣用句《かんようく》」が出《で》てきました。なかには、「こんな意味《いみ》があるなんて知《し》らなかった」「こうやって使《つか》えばいいんだ」といったように、新《あたら》しい発見《はっけん》も多《おお》かったのではないでしょうか。

自分《じぶん》が気《き》になった言葉《ことば》がいくつくらいあったのか、今《いま》ページをめくって振《ふ》り返《かえ》ってみましょう。10個《こ》でも5個《こ》でもいいですよ。その言葉《ことば》の意味《いみ》と使《つか》い方《かた》をセットで覚《おぼ》えているかを確《たし》かめてみてくださいね。

そして、覚《おぼ》えて終《お》わるのではなく、必《かなら》ず「使《つか》う」ことを意識《いしき》してみてください。日常《にちじょう》で意識的《いしきてき》に使《つか》うことで、初《はじ》めてあなたの語彙《ごい》として定着《ていちゃく》していくものです。

「使《つか》うこと」「（読《よ》み返《かえ》して）反復《はんぷく》すること」で、少《すこ》しずつ語彙力《ごいりょく》を高《たか》めていってもらえるとうれしいです。

sakumaru

LINEスタンプで不動の人気を誇る、ゆるくて可愛いうさぎのキャラクター「うさまる」の作者。2014年にLINE Creators Marketにて「うさまる」スタンプの登場以来一気にブレイク。以降グッズ化や書籍化など幅広く活動中。2021年には「LINE Creators MVP AWARD」MVP部門グランプリを受賞。著書に『うさまる』『うさまるといっしょ』『まいにち うさまる』『うさまる塗り絵BOOK きょう、なにする?』(すべて宝島社)などがある。

うさまると一《いっ》緒《しょ》にまなぶ ことわざ・慣《かん》用《よう》句《く》

2023年10月13日 初版発行

著　者　sakumaru
協　力　LINE Friends Japan株式会社
発行者　山下 直久
発　行　株式会社KADOKAWA
〒102-8177
東京都千代田区富士見2-13-3
電話0570-002-301(ナビダイヤル)
印刷所　株式会社暁印刷
製本所　株式会社暁印刷

本書の無断複製(コピー、スキャン、デジタル化等)並びに無断複製物の譲渡および配信は、著作権法上での例外を除き禁じられています。また、本書を代行業者などの第三者に依頼して複製する行為は、たとえ個人や家庭内での利用であっても一切認められておりません。

● お問い合わせ
https://www.kadokawa.co.jp/(「お問い合わせ」へお進みください)
※内容によっては、お答えできない場合があります。
※サポートは日本国内のみとさせていただきます。
※Japanese text only

定価はカバーに表示してあります。
©sakumaru
©KADOKAWA CORPORATION 2023 Printed in Japan
ISBN 978-4-04-606410-3 C6081